智慧·经典励志丛书

智慧人脉·快乐人生

李想 主编

北京师范大学出版集团
安徽大学出版社

图书在版编目(CIP)数据

智慧人脉·快乐人生 / 李想主编. -- 合肥 : 安徽大学出版社, 2011.10
(智慧·经典励志丛书)
ISBN 978-7-5664-0329-2

Ⅰ. ①智… Ⅱ. ①李… Ⅲ. ①人际关系－通俗读物
Ⅳ. ①C912.3-49

中国版本图书馆 CIP 数据核字(2011)第 209797 号

智慧·经典励志丛书

智慧人脉·快乐人生　　李想　主编

出版发行　安徽大学出版社
(合肥市肥西路 3 号　邮编 230039)
印　　刷　合肥瑞丰印务有限公司
经　　销　全国新华书店
开　　本　710mm×1000mm　1/16
印　　张　11.75
版　　次　2012 年 8 月第 1 版
印　　次　2022 年 1 月第 2 次印刷
定　　价　36.00 元
ISBN 978-7-5664-0329-2

前 言

当今之世，要想成为一个成功者，必须精通做人做事的谋略。但大多数人不得其真谛，以道听途说为学问，以使巧弄诈为智慧。实践表明，要追求大成功就要有真正的智慧——大智慧。

人生充满着挑战，在挑战中追求人生的成功，是一种实现生命价值的至高境界。然而，在这个世界上，大多数人只知道羡慕别人的成功，而轻视了自己的能力。其实，人生的成功不能等待着别人的施舍和神灵的恩赐。命运在自己手中把握着，成功必须靠你自己去努力开创。而机遇并不好把握，它总是悄悄地降临到你的身边，如果你稍不留心，它就会翩然而去。因而，你应该学会用一颗热情的心对待生活，用一种智慧的眼光去发现机遇。只有这样，你才能够寻找到一把开启成功之门的钥匙。

本书荟萃人生事业的成功智慧、使你幸福的生活智慧，融汇成《智慧·励志经典丛书》大智慧。一篇篇蕴涵着生活和成功智慧的文章，犹如幸福人生的智慧锦囊，读后掩卷沉思，顿时让你看透人生的迷雾，洞察世事，练达人情，懂得成功之道，每天都有好心情和好状态。

本书将教你如何成功地做人做事，如何保持好的心情和状态。书中理论精辟，取材广泛，故事生动，说理透彻，涵盖了与人交往、方圆处世、诚实做人、精明做事等内容。人生不总是风和日丽、事事顺心，当你在困惑失意的圈子里迷转流浪时，希望这本书能够给你智慧的点拨，使你重获信心和勇气。生活中忙碌的你需要心灵的小憩，更需要成功智慧的方法与捷径，而本书则恰似成功者的圣经、好心情的当铺，品读这些励志文章，能够帮你把郁闷和不快抛到九霄云外，而把成功留下，让好心情永远伴你左右！

这些包涵人生智慧的励志文字，犹如轻抚心灵的缕缕清风，让你瞬间领悟人生的真谛，平淡对待得失，超然面对繁华；畅达时不张狂，挫折时不消沉。在人生的历练中涵养从容的定力，在潮起潮落的人生戏台上，举重若轻，游刃有余。

有《智慧·励志经典丛书》在手，它会为你指点迷津，让你成功的信心和勇气倍增，一生如踏马平川！

目　录

快乐的人生是创造出来的

好心态是快乐人生的前提

超越自我,创造美好人生

圆通做人,糊涂处世

游走人际,快乐职场

快乐的人生是创造出来的

生命只有一次，怎么度过是自己的事。太在乎别人的看法，必定会背负沉重的压力。换个角度看人生，命运就在你手里。就像法国思想家蒙田所说的："我宁愿有一个短促的老年，也不愿在我尚未进入老年期就已经老了。"我们成长的历程，就是心灵跋涉的历史。

从从容容过人生

人从出生到成熟到衰老到死亡，就那么几十个春秋，那么几个坎，眨眼的功夫就过去了。

20 岁之前谈梦。人自母体分离出来，初谙世事至少要十四五年，而初谙世事并不意味着成熟。我们的很多想法都很浪漫，有些甚至近似童话。所以，这个花季年华里经常做梦，梦见自己会飞，梦见自己成为人们心目中的偶像。同学之间、朋友之间谈论的话题也往往与现实相隔万里。在这段花季年华里，一切都是浮动的，一切都是彩色的。

20 岁以后谈理想。20 岁是迈入大人行列的第一道门坎。以前的彩色梦幻渐渐淡化，在现实面前，我们开始走向成熟，也开始有了人生的目标。但 20 岁的抱负虽有气吞山河之势，却有些不切实际。所以我们说，人到 20 岁就已经长大了，但绝对不是成熟。总之，20 岁时，我们已经有了向前跋涉的目标，而少了很多梦幻色彩。

上了 30 岁谈责任。“三十而立”于今人来说也许为时尚早，以现代平均寿命来算，30 岁时，人生尚未过半，“少年得志”毕竟不是这个世界的多数。但 30 岁的我们已是成熟的人了，至少已经确立了自己的人生坐标和基点。在这阶段，世界会把很多重担压在你肩上，你无可逃避、也别无选择地要背着这些重担往前走。人生由此便多了一种沉甸甸的东西——责任，人生的内涵也因此丰富起来。结婚了需要有个爱巢让爱情栖息，儿女出世了要拼力哺育他们，父母老了要对他们尽赡养之责，还有工作的担子也加重了……这一切责任，30 岁的你都得一个一个地去履行，没人能够替代你。这个时候，一切言谈举止都变得那么实在。

40 岁谈事业。迈过 40 岁的沟坎，人生已如日中天了。此刻，有志者已经事业有成，即使是平凡之辈，其积蓄也开始殷实。人的生理、心理也已熟透，万事都有主张，一切责任也因为时光流淌而消减了。这个时候，人通常会像爬上了一道高坡一样长长地舒一口气。然而当回头看时，才发觉前些年为自己活得太少。于是，发展自己便成了这个阶段的主旋律。

50 岁开始谈经验。古人云“五十而知天命”，此刻对于人来说应该是尘埃落定的时候。优胜者已经胜出，淘汰者已经出局；优胜者领受成功的风光，淘汰者独尝出局的悲哀。无论优或劣，彼此都会明白成败的原因。而大局已定、不可更改，优胜者与淘汰者的总结成了宝贵的经验，化作后人的财富。

60 岁以后谈往昔。衰老是人类不可抗拒的自然法则。人老了就会力不从心，即使想大展宏图也难于展翅。此刻，成功者可以享受自己创造的成果，失败者也只好独饮自酿的苦酒了。好汉不提当年勇也好，蹉跎一生不堪回首也罢，岁月刻在我们身上和心上的痕迹是无法抹杀的。人生苦短，来日无多，不再回想前景的辉煌，但回首昔日的风光或坎坷，多少能激活生命的潜力，保持旺盛的活力。

一辈子就这样走过来了，不管辉煌还是平凡，都得一个坎一个坎地迈过。当然，怎样迈、迈得成功与否，都得由你自己决定。

平淡地生存，高兴地生活

我为什么不完美？我为什么不高兴？如果有人总是这样问自己的话，那他（她）是不会太高兴的。我们每个人都没必要钻那牛角尖。要是别人问："你为什么不如何如何？"那么，我们没必要自惭形秽，我们完全可以坦然无愧地看待自己，珍爱并享受这平凡而实在的人生。

不要为自己树立高不可及的目标，更不要被别人往往确实是出于好心好意的刺激而陷入自卑自怨的泥潭！比如某人夸你的眼睛像某某明星，你没必要因工作的平凡而懊悔自己白生了那样一双美丽的眼睛。争取不平凡的人诚然值得敬佩，然而甘于踏踏实实的平凡之人，也同样可爱可羡。这个世界很大，机会确实很多，然而这个世界也很小，机遇又极为难得。我们应在奋力进取与适可而止之间做出权衡。我们要懂得这个世界不单是为不平凡的人而存在的，恰恰相反，这个世界主要是为平凡的人而存在的。

是的，要为自己感到高兴。为自己的工作、自己的平凡、自己的适得其所、自己的不为他人所左右而高兴，为自己的存在是有意义的而高兴。不要把眼睛总盯在别人身上，应该好好审视一下自己。你的相貌为你所独有，你的个子最适合于你，你的身体即使不佳，甚至有残，那也无碍于你内心的自尊与自信，因为你认真地工作，诚实地生活，你在挣你应得的那一份报酬，在享受社会为你提供的那一份快乐。你不一定要成为参天大树，做一棵小草也可以借着大树好乘凉；你不一定要成为维纳斯，但你可以尽情欣赏她；你不一定要在电视上风风光光，但你可以从生活中找到比那更多的乐趣和自在。

有什么理由不高兴？你的努力奋进已经取得了一些成果；如今你能够这样也挺不错；不为自己设置只会徒增烦恼的崇高目标，也不受他人出于善意而设置的目标的蛊惑，你平凡存在，问心无愧地生活，怎么会不高兴呢？一个作家问一个文学爱好者："你怎么不立志成个作家？""我没有写作的天赋，我就这样当个读者挺好，"对方回答，"我活得挺自在，我为自己高兴。"

朋友，当你因为平凡而不高兴时，是否会想起上面这个例子来？

潇洒做人，自得其乐

人生本是一种快乐，雅人有雅兴，俗人有俗趣，无论在朝为官还是在野为民，都自有其乐。锦衣玉食也好，粗茶淡饭也罢，求暖求饱而已，当然也求美。

人总是一波三折、七灾八难地活着，琐事、烦事、难事甩不开，也扔不掉。就算是时时小心、处处设防，说不定什么时候还会遇上倒霉事，让人无法快活。但是总得活着吧，无论是劲头十足还是虚有其声，总是得往前奔，不然就对不起父母赐予的血肉之躯了。于是，人总会想法儿去活，想法儿活得滋润、潇洒，活得像个人样。

快乐是一种独到的体验，只要乐趣真实常在，无论雅俗，都会活得有滋有味。渐渐地，你就会发现活着本来就不错。比如说，你有或大或小的本事，朋友多，路子广，有种种发迹的机会；你拥有爱情，拥有家庭，拥有多彩的故事；你总有一些盼望，会发现一些趣事，甚至某个消息、某个话题、某种现象都能让你兴奋。这兴奋可能太俗，让人瞧不上眼，或根本就不值一提，但只要是真实的快乐的体验，也就够了。即使是真的遇上不称心的事，也别抱着死理，跟自己过不去。如此一来，你便能从容应付，潇洒地走出困境。即使一时解不开也用不着太烦恼，因为后面的日子还长着呢。

活得潇洒才有快乐。潇洒是一种美好的生活态度，但并非人人都能做到潇洒自如，有的人过于拘谨，不会潇洒；有的人做过了头，不懂潇洒。

拘谨是一种由僵化的思维模式带来的生活态度，就是人们常说的"死心眼"、"一条道儿跑到黑"。古代有个有名的故事，说一对青年男女相约在桥柱旁会面，大水到了，为了不失约，男子抱柱而亡。这个悲剧性的男子过去一直被当作忠贞、守信的象征，可实际上姑娘爱上这个不知变通的人实在不值得。还有一个典型的例子是柳宗元《三戒》中所写的永州某人。他生于子年，生肖属鼠，因畏鼠而护鼠，闹到室无完器、柜无完衣的地步。真正潇洒生活的人是不会这样的，他们会换一个角度考虑问题，不会被现状所拘束，而以一种自强不息和勇于创新的精神重新开拓新的生活领域，以一种惊人的潇洒形象展示在世人面前。

有人把潇洒理解为穿着新潮、谈吐倜傥和举止干练飘逸。其实，这仅是浅层次的认识。真正的潇洒，应该是指那种不以物喜，不以己悲，顺境不放纵，逆境不颓唐的超然豁达的精神境界。古今名人中，能真洒脱者，大有人在。唐朝诗人刘禹锡，因革新遭贬，但他不为压力所阻，仍以顽强的精神与政敌相抗争，写出了"玄都观里桃千树，尽是刘郎去后栽"、"种桃道士归何处？前度刘郎今又来"的乐观诗句。他以潇洒的态度，越过"巴山蜀水凄凉地"，"坚守二十三年弃置身"的人格，终于迎来了仕途上的春天。

有位伟人说过："与天斗，其乐无穷；与地斗，其乐无穷；与人斗，其乐无穷。"伟人的乐乃乐之大家，有如范仲淹所云："先天下之忧而忧，后天下之乐而乐。"对于我辈平常的小人物，面对复杂多变的人生，自然也要有大境界才能包容得下，另外，更需要有平常的心境，快乐才能常驻。

引两句歌词作结尾："何不潇洒走一回，真心真意过一生。"

珍惜人生，远离烦恼

二战期间，罗勃·摩尔在一艘美国潜艇上担任正□望员。一天清晨，跟随潜艇在印度洋水下潜行的他通过潜望镜，看到一支由一艘驱逐舰、一艘运油船和一艘水雷船组成的日本舰队正向他们逼近。潜艇对准走在最后的日本水雷船，正准备发起攻击，水雷船却已掉过头来，朝潜艇直冲过来。原来空中的一架日机测到了潜艇的位置，并通知了水雷船。潜艇只好紧急下潜，以便躲开水雷船的炸弹。

3 分钟后，6 颗深水炸弹几乎同时在潜艇四周炸开，潜艇被逼到水下

83 米深处。摩尔知道，只要有一颗炸弹在潜艇 5 米范围内爆炸，就会把潜艇炸出个大洞来。

潜艇以不变应万变，关掉了所有的电力和动力系统，全体官兵静静地躺在床铺上。当时，摩尔害怕极了，连呼吸都觉得困难。他不断地问自己，难道这就是他的死期？尽管潜艇里的冷气和电扇都关掉了，温度高达 40℃以上，摩尔仍然冷战不止，披上大衣后牙齿照样碰得咯咯响。

日军水雷船连续轰炸了 15 个小时，摩尔却觉得这比 15 万年还漫长。寂静中，过去生活中无论是不幸运的倒霉事还是荒谬的烦恼都在眼前一一重现：摩尔加入海军前是一家税务局的小职员，那时，他总为工作又累又乏味而烦恼，抱怨报酬太少，升迁无指望；烦恼买不起房子、新车和高档服装；晚上下班回家，又因一些琐事与妻子争吵。这些烦恼事，过去对摩尔来说几乎都是天大的事。而今置身这坟墓般的潜艇中，面临着死亡的威胁，摩尔深深感受到，当初的一切烦恼显得那么的荒谬。他对自己发誓：只要能活着看到日月星辰，他从此将不再烦恼。

日舰扔完所有炸弹后终于开走了，摩尔和他的潜艇重新浮上水面。战后，摩尔回国重新参加工作，从此，他更加热爱生命，懂得如何去幸福地生活。他说："在那可怕的 15 个小时内，我深深体验到，对于生命来说，世界上任何烦恼和忧愁都是那么的微不足道。"

别和自己过不去

人的接受度很高，却往往在最后时刻和自己过不去，以极端的方式让自己受苦。

有许多人要出名，等到出名之后，却又怪人人注意他们；女人要男人来爱，等到追求者众多时，又怪没有自己的时间。我们常常处于极端矛盾之中，而不自知。

有个女孩子一向保守，但由于一时冲动，和男朋友有了婚前性行为。她恼怒、悔恨，同时也安慰自己："没关系，他是爱我的！"

后来，他男朋友对她实在是不好，她天天找人诉苦，却又不离开他。她妹妹劝她："别再傻了，快些离开他吧！别再和自己过不去。"

她说："不可以，他是我的第一个男人，也是我的初恋！"

现在，她仍和她的男朋友在一起，偶尔流着眼泪诉苦，偶尔安慰自己：“他总会知道我是真心对他好的！”

也许她要的，就只是自我安慰而已。她很会劝别人分手，最会讲的便是：“别傻了，快离开那个男人，别再白白受苦。”这么会劝别人的人，最后却劝不了自己，终究也只能令自己受苦。

看得开，想得透，做不到，常是我们的通病。将别人的事看得如水中倒影般明澈，而看自己的生活时就像戴了老花眼镜一样，怎么也看不穿。

一个早婚的妇女，因受了诸多婚姻的苦，劝别人说不结婚最好，还分析种种原因，最后便劝人下定决心远离婚姻。

“可是，我怕我妈会担心。”别人犹豫。

“别管你妈了，真要决定一件事时，把一切都抛开。”她慷慨激昂地说着。

“可是，”人家又疑惑地问，“你刚才不是说，原来你也是不想嫁，却在母亲担心的眼神下披上嫁衣？”

“对哦，我怎么忘了，我就是这样嫁的……”她沉吟起来。

如果只能说服得了别人，却说服不了自己，这不是和自己过不去吗？

善待自己，学会放松

生活在现代的大都市里，由于紧张的工作、沉重的生活压力，加上生活节奏的飞快，人与人之间关系逐渐冷漠，心灵沟通越来越少，老年人与青年人之间的代沟也越来越大。于是，我们当中的很多人便觉得生活很累，觉得生活似乎已失去了活着的意义而显得有些苍白和暗淡，以致怨声载道。其实，我们对“累”可以进行具体地分析。

一种累，的确是由于工作太忙，休息的时间太少，以致身心疲惫，感到很累。这种累其实只需要好好休息，减少一点工作时间，多进行点娱乐活动和社交活动后，便会觉得轻松很多。我有一位朋友在三资企业工作，他的情况即是如此。因为三资企业的加班费比较高，所以他连星期天也投入了进去。这样超负荷的工作使他面目憔悴，而回到家后又得不到妻子的理解，以至于他是总觉得活得很累。直到有一天，公司组织职员到外地旅游，他被同事勉强说服报了名。结果这次旅游不仅使他得到了充分的休息而且大大激发了他对娱乐活动的兴趣。回去没几天后，他就学会了玩和休息，结果不但工作效率提高，生活也变得轻松愉快了！

另一种累，完全是心理上的累。有一种人本来很乐观、豁达，对人非常热情，为人诚实、周到且一丝不苟，办事非常认真，稍有点过失他就过意不去。这种人是典型的完美主义者，也叫理想主义者。为了使每件事近乎完美，他必须要比别人付出得更多，这样下去当然要比别人累。但这还不是他觉得累的真正原因。这种人往往对某种东西特别在乎，他感觉付出了很多，当然也要求有所回报，这样他的期望值就比较高。而一旦事情不顺心，他的内心在期望与现实的强大反差下，就会感到一种失落感，正因为如此，他才会觉得很累。

人总是带有某种期望，这是无可厚非的，但问题是人的期望越大，失望也越容易大。如果我们不会善待自己、保护自己，那么我们将生活得很累很累。可究竟怎样才能善待自己呢？首先要顺其自然，不苛求自己，不给自己刻意制造压力。老子曰："道法自然。"世间唯自然为正道。一件事，我们按它原有的规律去做而不扭曲它的本来面目，这样我们就会得到一种和谐而安宁的心境，特别是那种比较热情的人，更应该冷静地思索一下，你的热情是否有点过分？过分的热情会使人觉得很不自然，有时候甚至让人觉得尴尬，这样岂不给彼此都造成了心理负担？

其次，应多给自己留点空间。人活着是为了什么呢？是为了父母？为了子女？为了朋友？都不是，是为了自己的存在而活着。既然出生和死亡都是我们无法选择的，那么我们就应该好好善待自己，多留一点空间给自己。我们可以给自己更多的时间去休息、去娱乐、去社交，使自己的身心得到健康和舒适。我们可以给自己更多的时间去独立思考、独立生活、独立体验自己的存在，而不是将更多的时间投入到繁琐的家务事中，也不是将自己的独立个性依附在别人的身上，这样的人是为他人而生活，不会不累的。

最后，我们应合理地向别人和社会索取。索取是人们生存的最起码条件，离开了索取，人们将无法生活。我们向社会索取并非没有理由，因为我们也为社会做出了很多。公平交易是世间的永恒法则，所有的正义都将根据这个法则来判断。如果要我们一味地给予，那么人性是不允许的。人总是期待着别人给予回报，如果得不到适当和足够的回报，人在内心深处就会产生一种强烈的心理抵触情绪，而使周身紧张，造成心理不平衡。其实，每个正常人生活的前提是身心健康。长期的心理不平衡，会使我们的内心冲突加剧，导致心理疾病的发生。所以我们合理索求、要求回报不是什么不道德的事情，这是我们生存的必要条件。

以律己之心律人，以宽人之心宽己。有时候，我们学会了如何宽容别人，却忘了如何宽容自己。毕竟，人非圣贤，我们也会像小孩一样犯下很多可笑的错误。这时，对我们来说，就是要宽容自己，不要残忍地对待自己，给自己重新改过的机会。

总之，善待自己具有重大的意义。我们除了要学会律己、宽容别人、成全别人之外，还要学会宽容自己、成全自己。给自己更多的时间和空间来不断发展和完善。这样，你才会生活得更充实、更幸福。

知足常乐

记得台湾的一位大学校长在新生接待会上问了一个这样的问题："同学们，你们快乐吗？""快乐！"下面的同学立即欢呼起来。"好，好，我的话到此结束。"校长说。大家惊愕了半天，然后才恍然大悟，顿时掌声大作。这位颇有风趣的校长其实是很了解学生心理的，也很了解人的心理的。他认为人的根本目的是追求快乐，而如果大家都很快乐，自己也就不必再扫别人的兴了。因此，这位校长的做法很高明。

快乐是一种什么样的心境呢？或者说快乐到底是什么样子呢？这个问题也许很难说清楚，但有一点必须肯定，那就是快乐是很主观的。一个人的快乐只有通过他自己的表现和行为举止才能让别人所了解。一个人认为是快乐的事，另一个人却未必也是这样认为的。总之，快乐很奇怪，它因人而异，因事而异，很大一部分完全是一种心理上的满足。

追求快乐是人性之一，是我们努力的一个方面！人生活的根本目的是什么呢？可以说归根到底是为了"快乐"二字。成功的事业、富足的家产、自我的实现……最终都是为了快乐。快乐是润滑剂，有了它，你的生活将会光滑许多。没有了它，你前进的道路上谁能想到又会有多少障碍和阻力？人生至多也不过百年，匆匆之后便成为过客。

快乐的反面是痛苦。痛苦从何而来呢？人生来就是要追求快乐的，生来便具有各种欲望。这些需要和欲望是应该得到满足的，而一旦得不到满足，理想和现实之间出现差距时，人便产生了痛苦。痛苦无时不在，无处不有,它像恶魔一样折磨着我们,企图使我们拜倒在它的脚下。而人越是痛苦,越觉得快乐可贵,越会拼命地去追求快乐。然而,当他得到了新的快乐,新的痛苦又产生了。这样的痛苦是没有止境的,因为人的欲望是无止境的。那么,我们是不是就不要去追求快乐了呢？不,快乐是能追求到的。尽管人的欲望无穷,但只要我们能知足,便能常乐。

知足的人即满足于自我的人。知足者能认识到无止境的欲望和痛苦,于是他会压抑一些无法实现的欲望,这样虽然看起来有点残忍,却减少了无休止的痛苦。在能实现的欲望之内,我们为之奋斗,一旦得到了自己的所求,快乐便油然而生。我们每迈上一个台阶,快乐的程度也会迈上一个台阶。只有经常知足,在自我能达到的范围之内去要求自己,不刻意去勉强自己、强迫自己,我们就能享受到人生的乐趣。

人生旅程不会是一帆风顺的,处处有坎坷、崎岖,甚至是断崖,而痛苦更是无穷无尽的。难道我们非要一味地求苦而置快乐于不顾吗?这是生活的根本目的吗？不,绝不是。也许有人会说:"不吃苦中苦,哪能人上人？"可是请问什么才算是"人上人"？人与人之间具有可比性吗?

竞争使得我们每个人都为了眼前的利益而奔走忙碌,丝毫不敢懈怠,这是很正常的。于是,我们攀比,希望在各个方面都超过自己周围的人。当超过了自己周围的人,我们又想再超过其他更高的人。我们还想样样争第一。可是我们也不想一想,以一个人有限的精力能实现所有的梦吗？不可能,大多数梦注定是会化为泡影的。而且这样盲目的攀比,只能使自己更加痛苦,其结果仍是一无所得。人为什么总这样独断？为什么不允许别人超过自己呢?我们没有理由只相信自己的力量,我们没有理由不让别人超过我们,我们甚至没有理由去怀疑别人。我们应该拥有自我,去安静地生活,干自己该干的事情,做自己喜欢的工作,在自己的能力范围内寻找有意义的事情,一步一步向更高的阶梯攀登。这样,我们便能在人生的每一步的成长过程中,看到自我实现和成长的足迹,同时也能体会到自我奋斗的快乐!

一位西方哲人说过,成功是没有标准的。只要我们尽了所有的力量,发挥了所有的潜力,即使结果不是最好的,仍不失为一种成功。因为成功并不意味着都是第一,结果虽在有些领域是重要的,而过程则自有它自己的魅力。我们重视结果,并不是说我们不要过程。结果给人带来的快乐只是暂时的,而过程给我们带来的快乐回忆则是无尽和永恒的。

人生中,有很多失败的例子都是由不知足所造成的。有的人太贪婪,欲望太强,而其自身的能力又有限,结果必然会导致自己的失败。和□的下场不是给我们很多深刻的启示吗?为了积聚财富,像发了疯似的,什么手段都敢使,穷奢极欲,其结果还不是家破人亡?《红楼梦》中的王熙凤不也是如此吗?所谓“机关算尽太聪明,反误了卿卿性命”。

所谓人人类社会是复杂的,并不是一个人所能左右得了的。一个人过于突出或冒尖,也是很危险的。俗话说得好:“人怕出名猪怕壮。”人一旦出名就要面临很多的麻烦和危险。与其看着自己奋斗一生的东西毁于一旦,不如在生活中过一种平稳、安定的日子。这是一种生存哲学,也是一种生存艺术。知足的人,往往比其他人过得更充实、更快乐。

当然,这里不是让大家不要去追求,而是提醒大家,在追求时不要丢忘了尽力而为,不要丢了快乐。

别给自己打结

从前,在威尼斯的一座高山顶上,住着一位年老的智者,至于他有多么的老,为什么会有那么多的智慧,没有一个人知道,只是盛传他能回答任何人的任何问题。有两个调皮捣蛋的小男孩并不以为然,甚至以为他们可以愚弄老者,于是就抓来了一只小鸟去找他。其中一个男孩把小鸟抓在手心,一脸诡笑地问老人:“都说您能回答任何人提出的任何问题,那么请您告诉我,这只鸟是活的还是死的?”老人完全明白这两个孩子的意图,便毫不迟疑地说:“孩子啊,如果我说这鸟是活的,你就会马上捏死它,如果我说它是死的呢,你就会放手让它飞走。孩子,你的手掌握着生杀大权啊!”

同样的,每个人的手里都握着关系成败与哀乐的大权。

一位朋友讲过他的一次经历:一天下班后我乘中巴回家。车上的人很多,过道上站满了人。站在我面前的是一对情侣,他们亲热地相挽着,其中一个背对着我。女孩的背影看上去很标致且活力四射,头发是染过的,是最时髦的金黄色。她穿着一条今夏最流行的吊带裙,露出香肩,是一个典型的都市女孩:时尚、前卫、性感。他们靠得很近,低声絮语着什么,这位高个子女孩不时发出欢快的笑声。笑声不加节制,好像是在向车上的人挑衅:你看,我比你们快乐得多!笑声引得许多人把目光投向他们。大家的目光里似乎有艳羡,不,我发觉到他们的眼神里还有一种惊诧,难道女孩美得让人吃惊?我也有一种冲动,想看看女孩的脸,看看那张倾城的脸上洋溢着的幸福会是什么样子的。但女孩没回头,她的眼里只有她的情人。

后来,他们大概聊到了电影《泰坦尼克号》,那女孩便轻轻地哼起了那首主题歌。女孩的嗓音很美,把那首缠绵悱恻的歌处理得很到位。虽然只是随便哼哼,却蕴含着一股特别动人的力量。我想,只有足够幸福和自信的人,才会在人群里肆无忌惮地欢歌。这样想来,我便觉得心里酸酸的,像我这样从内到外都极为黯淡无奇的人,何时才能这样旁若无人地欢乐歌唱?

很巧,我和那对恋人在同一站下了车,这让我有机会看看女孩的脸。我的心里有些紧张,不知道自己将看到一个多么令人悦目的绝色美人。可就在我大步流星地赶上他们并回头观望时,我惊呆了,我也理解了之前车上的人们那种惊诧的眼神的根源。我看到的是张什么样的脸啊!那是一张被烧坏了的脸,用'触目惊心'这个词来形容毫不夸张!真搞不清,这样的女孩居然会有那么快乐的心境。"

朋友讲完他的故事后,深深地叹了口气,感慨道:"上帝真是够公平的。他虽然把霉运给了那个女孩,同时也把好心情给了她!"

其实,朋友的感慨未免有些偏颇,因为掌控你心灵的不是上帝,而是你自己。世上没有绝对幸福的人,只有不肯快乐的心。你必须掌握好自己的心舵,下达正确的命令来支配自己的命运。

你是否能够对自己的心下达命令呢?倘若想生气时就生气,想悲伤时就悲伤,想懒惰时就偷懒,这些只不过是顺其自然,并不是好的现象。释迦牟尼说过:"妥善调整过的自己,比世上任何君王都更加尊贵。"由此可知,"妥善调整过的自己"比什么都重要。任何时候都必须明朗、愉快、有希望、勇敢地掌握好自己的心舵。

有一个人夜里做了一个梦,梦中他看到一位头戴白帽、脚穿白鞋、腰佩黑剑的壮士向他大声叱责,并向他的脸上吐口水……于是从梦中惊醒过来。

次日,他闷闷不乐地对他的朋友说:"我从小到大从未受过别人的侮辱,但昨夜梦里却被人骂了并吐了口水,我心有不甘,一定要找出这个人来,否则我将一死了之。"

于是，他每天一起来便站在熙熙攘攘的十字路口寻找这梦中的敌人。几个星期过去了，他仍然找不到这个人。

人常常会假想出一些敌人，然后在内心累积许多仇恨，使自己产生许多“毒素”，结果只会把自己活活给“毒死”了。

你是不是心中也还怀着一股怒气呢？要知道，这样受伤害最大的是你自己，何不看开点，把心结松开呢？

学会原谅生活

“人有悲欢离合，月有阴晴圆缺，此事古难全。”古人把人世间的悲欢离合比作月的阴晴圆缺，一切全出于自然，其中有着永恒不变的真理。它像一只无形的手在那里翻云覆雨，演绎着多色多味的世界。今人也有今人的苦恼，因为“此事古难全”。

苦恼和悲哀常常引起人们对生活的抱怨，哀叹自己的命运，抱怨生活的不公。其实生活仍然是生活，关键看你怎么看。我见过几位“麻将专家”，是真正意义上的赌徒，他们沉溺于麻将之中，自然应该受到道德谴责，可是人生又是什么？从某种意义上说，不也是一场赌局吗？用你的青春去赌事业，用你的痛苦去赌欢乐，用你的爱去赌别人的爱。要不顾城怎么会说：“如果你觉得活得没意思了，那就该死了。”

在沮丧失落的时候，我们对一切感到乏味，生活的天空阴云密布，看什么都不顺眼，就像T恤衫上印着的：“别理我，烦着呢！”生活中有很多时候会令我们心情不好。面对高考落榜，面对失恋，面对解释不清的误会，我们的确不易很快地解脱。但是人也有逆反心理，更多的时候是“多云转晴”，忧郁被生气勃勃的憧憬所取代。烦些什么？你的敌人就是你自己，战胜不了自己，就注定要失败；想不开、钻死胡同，全是自己所为。

沮丧的时候，回到你生活的角落，去充电、打气。选一盒录音带，京剧、越剧、歌曲或看其他什么都成，边听边练毛笔字，书写龚自珍《乙亥杂诗》的“霜豪掷罢倚天寒”，多带劲！“不是逢人苦誉君，亦狂亦侠亦温文”，多亲切！你还要发泄一下？那就大声唱出来：“我站在冽冽风中，恨不能荡尽绵绵心痛；看苍天，四方云动，剑在手，问谁是天下英雄……”渐渐地你排遣了沮丧，焕发了新的激情，再环视四周，你发现一切正常，你的消沉、低落、你的怨愤没有任何意义。既然如此,何不让自己回归正常?凭什么总跟自己过不去呢?试试看,每天吃一颗糖,然后告诉自己:今天的日子,果然是甜的!

有时候,我们要对自己残忍一点,不能过分纵容自己对自己的哀怜,“不识庐山真面目,只缘身在此山中”。走出去或登到顶上去,你将会看到另一番景象:“日照香炉生紫烟,遥看瀑布挂前川。飞流直下三千尺,疑是银河落九天。”

我们看清了自己,再来看生活,就会多了几分宽容。生活本身并不是可以实现所有幻想的万花筒。生活和我们是相互选择的,不该过分计较生活的食言,生活本来就没有承诺过你什么。它所给予的,并不总是你应当得到的,而你所能取得的,是凭你不懈的真诚和执著所能得到的。

人类以热爱生命为美德,然而,人类中却有另一部分人以猎取生命为职业。一位德国作家兼心理医生维克多·费兰克,回忆自己在纳粹集中营的生活时说:“人所拥有的任何东西都可以被剥夺,唯独人性最后的自由不能被剥夺。正是这种不可剥夺的精神自由,使得生命充满意义且有目的……那一刻我所身受的一切苦难,从遥远的科学立场来看,全都变得客观起来。我就用这种办法把自己超越。在困厄的处境,我把所有的痛苦与煎熬当成前尘往事,并加以观察。这样一来,我自己以及我所受的苦难全变成我手上一项有趣的心理学研究课题了。”这种方式值得借鉴。当我们凭窗而坐,静观一本关于战争或其他的书时,我们有什么理由不快活、不滋润?

原谅生活是一种积极的做人方式。原谅生活,不是淡漠所有的不公,不是为了超脱凡世的恩怨,而是要正视生活的全部,以缓解和慰藉深深的不幸。相信生活,才能原谅生活。如果你的桅杆折断,不论是你自己的错还是生活的错,都不该再悲哀地守着孤独的荡舟。请重新支起新的桅杆!原谅生活,是为了更好地生活。

忘掉烦恼,快乐自己

利弊相衡,这个定律在记忆与忘记上,较其他方面更准确、更有益。要是一个人记不起那些曾经幸会过的人的名字,那么他对他讨厌的人的名字也同样健忘;如果他记不住人类历史错综复杂的途径,便也不会记清昨日离婚案中令人恶心的情节。他的思想像泉水一样，永远清澈流畅。他觉得今天更加有趣，因为他对本质上大致一样的昨天已经印象模糊。于是一个被称为记性不好的人，往往永远觉得生活有趣，永远饶有趣味的去欣赏晨辉。

我们认为，忘记确实和记忆一样，是心灵的活动。除非我们学会忘却，否则就不能记忆。说实在话，人们所忘记的都是所记得的。要想起忘记了什么，和要想起该记得些什么同样费脑筋。伟人所知的几乎永远仅能应付当前目标所需，没有其他的累赘。日常的小事常沉入心底，以忘记的形式存在、积淀，偶然像沙粒在蚌壳内形成珍珠，赫然重现。这样，平凡成了新奇，无趣变得有趣，这就是忘却的魅力。

记忆力特强的人，你希望他提出意见，他却长篇大论。他们总把知识存放在橱窗里，而其他地方却一无所有；与此相反，健忘的人总是奇峰突出。他不能提出更多陈旧无聊的"历史"，却可以分析评论，提供有见地的意见。在发掘思想的过程中，他们从不向后寻找，而乐于向前开拓。对于一个记得住每件事的人，经过几百年，天堂也会变得索然无味。而对一个健忘的人来说，即使是平凡的生活也永远是块乐土，有机会重新结交旧时相识，重新体验儿时趣事或重温无数旧书，这样的生活该有多么美好！

世上往往有许多事情，智者会索性避开，因为他们无力改变。我们这个时代，通常把这种回避视为怯懦，但是，我们的信念是，勇气存在于全力以赴的艰辛之中，同样也存在于安详和沉着之内。不时脱下盔甲的人，更有精力迎战殊死的搏斗。义务和乐趣一样，能促使每个人筑起可以不受打扰的心灵堡垒，借以获得心智的自主。经过回忆作用所选择、安排和美化的个人往事，正是这种退隐的最佳去处。

人人都曾有过被痛苦的回忆所缠绕而不能自拔的经历。何不让我们把这些不美好的回忆摒之千里，代之以自我陶醉的梦想和对新生活的不断体验与历练呢？

请记住，健忘是使您更加快乐的秘诀。这适用于任何人，您不妨一试。

自嘲是最好的释放

心理学研究表明：人通常比较愿意谈及自己的优点和成功，而对缺点与失败却总是讳莫如深。正因如此，生活中才有了"调侃"这么一回事。

几个人对某位"不幸"的同志加以特别"照顾"，就他的外表或家事或某个陈年笑话给予狂轰滥炸式的夸张，直“夸”得他面红耳赤、双腿发软。他还不得不尽力装出一副轻松的模样，不得不尽力“喊”出几声其实是附和对方的狂笑。无疑，这一异常尴尬的处境是一种难耐的煎熬。其实，这种煎熬是大可不必的，强硬地捍卫自己的所谓“尊严”、“面子”，结果必然是“偷鸡不着反蚀把米”、“赔了夫人又折兵”。中国有句俗语，叫“家丑不可外扬”，其实，“若要人不知，除非己莫为”，只会欲盖弥彰。美国诗人麦琨，从不忌讳谈及自己的身世。他说：“我是从婚姻外的关系出生的，我生来就是个私生子。”“私生子”是难听的，麦琨自显其丑，但别人并不歧视他，反而同情他。

事实上，很多名人都喜欢自嘲，嘲笑自己的长相，嘲笑自己的缺点，嘲笑自己的遭遇，甚至嘲笑自己的优点。

好莱坞影星芭芭拉·史翠珊谈到她在布鲁克林的日子时，说：“我们真是穷呆了，但我们拥有许多金钱买不到的东西，譬如，未付的账单。”“我们从来不穷，也没挨过饿，只是有时会把吃饭时间无限期延后罢了。”她把人们对其出身贫穷的看法都消融在幽默带来的笑声之中。

还有作家班奇利，他在一篇文章中声称自己花了十几年的时间才发现自己没有写作的才能。结果，一位读者来信对他说：“你现在改行还来得及。”班奇利回信说：“亲爱的，来不及了，我已无法放弃写作，因为我太有名了。”后来，他还把这封信刊登在报纸上，人们为之笑了很长时间。

综观上述事例，你应该知道了自嘲自讽的功能了，或者说它对为人处世的好处了。以常理论之，身处窘境，一般会以理自卫，以理反击，或缄默不语。而自嘲则一反常理，跳出习惯思维，突破思维定式，不断变换自己的思维角度，既出乎对方的意料，又能得到对方心领神会的笑声，从而阻止了于己不利的言论，摆脱窘境，变被动为主动。在实际生活中，一些人对于并无恶意的嘲笑会发动怒不可遏的反击，其实这是“狭隘的自尊心理束缚“所致。如果舍此而自嘲，反而显得你很豁达、很自信，同时，也封住了对方的嘴。

上述只是自嘲在摆脱窘境方面的功用。自嘲在用于嘲笑自己的缺点时，还能起到减轻缺点程度的作用。

心理学家认为，自暴其丑在大多数情况下都能取得出色的效果。因为勇于正视自己缺点和错误的人，通常会被人认为是牢靠、勇敢、豪放的人，而一旦“丑”从他人嘴中说出，问题就严重了。如果故意夸大自己的缺陷，则在别人眼中就变得无关紧要了，二者正是反向而行的。

自嘲之所以具有以上功能，除了其行为本身因违反常理而出人意料之外，还有一点很重要，就是幽默的力量。

幽默是高级的笑话。卓别林所塑造的流浪汉，尽管充满了这样那样的缺陷，但是，观众对他只报以笑声和同情，幽默让观众原谅了他的不足。我们如果能与别人笑谈自己的失误，不仅会给别人带来愉快和轻松，同时也能治愈因失误而引起的痛苦。自尊不是源自于对缺陷的“庇护”，而是源自于对缺陷的“攻击”。

当然，自嘲也需讲究适时、适地，而且嘲讽的对象也应有所选择。因为有些缺点就是应该“秘而不宣”的，否则，对你的名誉、事业、婚姻、家庭都会产生致命的打击。

自嘲自讽，正是要抢先给自己一个机会，让他人没有机会攻击自己，是对他人攻击的最好防守。学会自嘲，你将拥有一份快乐的心情和良好的心态。

养成笑的习惯

微笑的后面蕴含的是一股坚实的、无可比拟的力量，一种对生活巨大的热忱和信心，一种高格调的真诚与豁达，一种直面人生的智慧与勇气。而且，境由心生，境随心转，我们内心的思想可以改变外在的容貌，同样也可以改变周围的环境。

百货店里，有个穷苦的妇人，带着一个约莫 4 岁的男孩在散步 。走到一架快照摄影机旁，孩子拉着妈妈的手说：“妈妈，让我照一张相吧。”妈妈弯下腰，把孩子额前的头发拢在一旁，很慈祥地说：“不要照了，你的衣服太旧了。”孩子沉默了片刻，抬起头来说：“可是妈妈，我仍会面带微笑的。”

从某种意义上说，人不是活在物质里，而是活在自己的精神里。如果精神垮了，就没人能救得了你，包括人们所信奉的上帝。

约翰·内森堡是一名犹太籍的心理学博士。在二战期间，虽然他幸免于难，然而他却没能逃脱纳粹集中营里惨无人道的折磨。他曾经绝望过，因为那里只有屠杀和血腥，没有人性，没有尊严。那些持枪的人像野兽样疯狂地屠戮着，无论是怀孕的孕妇，刚刚会跑的儿童，还是年迈的老人，都不能幸免。

他时刻生活在这种恐惧中。这种对死的恐惧让他感到一种巨大的精神压力。集中营里，每天都有人因此而发疯。内森堡知道，如果他不控制好自己的精神，那他也难以逃脱精神失常的厄运。

有一次，内森堡随着长长的队伍到集中营的工地上去劳动。一路上，他产生一些幻觉，诸如晚上能不能活着回来？是否能吃上晚餐？他的鞋带断了，能不能找到一根新的？这些幻觉让他感到厌倦和不安。于是，他强迫自己不去想那些倒霉的事，而是刻意幻想自己是在前去演讲的路上，来到了一间宽敞明亮的教室中，精神饱满地在发表演讲。想到这里，他的脸上慢慢浮现出了笑容。内森堡知道，这是久违的笑容。当他知道自己还会笑的时候，他同时也就知道了，自己不会死在集中营里，会活着走出去。当从集中营中被释放出来时，内森堡显得精神很好。他的朋友不相信，一个人可在魔窟里也可以保持如此的乐观。

这就是心境的力量。有时候，一个人的精神可以击败许多厄运。因为对于人的生命而言，要存活，只需一箪食、一钵水足矣。但要存活下来并且活得精彩，就需要有宽广的心胸、百折不挠的意志和化解痛苦的智慧。

一家信誉特好的大花店以高薪聘请一位售花小姐，招聘广告张贴出去后，前来应聘的人如过江之鲫。经过几番面试，老板留下了三位女孩并让她们每人经营花店一周，以便从中挑选一人。这三个女孩都长得如花一样美丽：一个曾经在花店插过花、卖过花，一个是花艺学校的应届毕业生，还有一个是一个失业青年。

插过花的女孩一听老板要让她们以一周的实践成绩为应聘标准，心中窃喜，毕竟插花、卖花对于她来说是轻车熟路。每次一见顾客进来，她就不停地介绍各类花的象征意义以及给什么样的人送什么样的花。几乎每一个走进花店的人，她都能说得让他买下一束花或一篮花。一周下来，她的成绩不错。

花艺女学生经营花店，充分发挥从书本上学到的知识，从插花的艺术到插花的成本，她都精心琢磨，甚至联想到把一些断枝的花朵用牙签连接花枝夹在鲜花中以降低成本……她的知识和聪明为她一周的鲜花经营也带来了不错的成绩。

失业女青年经营起花店，则有点放不开手脚，然而她置身于花丛时的微笑简直就像一朵花，她的心情也如花一样美丽。一些残花她总舍不得扔掉，而是修剪修剪，免费送给路边行走的小学生，而且每一个从她手中买去花的人，都能得到她一句甜甜的细语："鲜花送人，余香留己。"这听起来既像女孩为自己说的，又像是为花店讲的，也像为买花人讲的，简直是一句默契至极的心语……尽管女孩努力地珍惜着她一周的经营时间，但她的成绩与前两个女孩的相比差距还是很大。

出人意料的是，老板竟然留下了那个失业女孩。人们不解为何老板放弃能为他挣钱的女孩，而偏偏选中这个外行的失业女孩？

老板是这么回答的："用鲜花挣再多的钱也只是有限的，用如花的心情去挣钱才是无限的。花艺可以慢慢学，可如花的心情是学不来的，因为这里面包含着一个人的气质、品德以及情趣爱好、艺术修养……"

富兰克林说："美德远胜于美貌。"

一所艺术学校里，有一个长得很丑的女孩。同学们常常讥笑她，甚至给她取了一个绰号"丑八怪"。每当别人这样叫她时，她都气得要命，有时甚至气得大哭起来。

有一天，当她又因为别人的取笑在那里痛哭时，一位慈祥的老工友经过，问明她难过的原因后，老工友告诉她变漂亮的秘方：

第一，脸上常常挂着笑容，碰到同学就亲切地打招呼。

第二，绝不自怨自艾，不再去管自己的长相如何。

第三，乐于帮助他人，用一颗善良的心去服务别人。

老工友告诉她只要切实遵守这些秘诀，三个月后她一定会变成全校最美丽的姑娘。于是这女孩听了老工友的话，全心全意地去实践这些秘诀。没有多久，她果然成为全校最受欢迎、最有人缘的人了！

所以只要具备了这种淡然如云、微笑如花的人生态度，那么，任何困境和不幸都能被锤炼成通向平安幸福的阶梯。

不知是福

一次，在市医院里出现了这样一件令人惊奇的事情。

一个患了肿瘤疾病的病人被推入了手术室。当医生把她放在手术上麻醉后，发现她的肿瘤不见了。但当她清醒后，她又认为那个肿瘤回来了。医生们这时才发现，因为她的想象力丰富，而且她一直和 7 位真正患有肿瘤的亲戚住在一起，所以她便幻想自己也长了肿瘤。

医生再度把她放在手术台上，施以麻醉，并在她腹部中央绑上绷带。当她苏醒后，医生告诉她，已经对她做了一次成功的手术，但她必须继续绑几天绷带。她相信了医生的话，而事实上她并未动过任何手术。医生只是从潜意识中帮她除去了患有肿瘤的想法，从此，她才恢复正常。

当人类的意识生病时，就会造成身体生病。在这种时候，你需要一个更强壮的意识来治疗它、指示它，特别是使你能对自己产生信心与信仰。每个人都应该去阅读有关人类意识能力的书籍，并学习人类意识是如何发挥惊人的功能而使人们保持健康与快乐的。

有一位老人患病住进了医院，当时他的病情很严重，必须给心脏开刀。

开过刀后，很多人非常关心地问他："伤口痛不痛？"

"不痛，一点都不痛！"

"平时随便割破一小块皮都很痛，而你腿上划开了五十几厘米的伤口，割断了静脉，又锯开了胸腔骨……这一切，难道真的不痛吗？"

"因为痛的时候我不知道啊！我一生最怕插管子之类的东西，在恢复室 24小时，总共插了七八根管子，但等我知道的时候，管子已经拿掉了！"

老人接着说："医师为我'开心'的那一段时间对我来说，全然不知。"人间许多事情，在你不知的时候，便没有所谓的"痛苦"。

这时候我领悟到，世间的许多苦恼，都是从"知道"而来的。人的一生，许多痛苦都是经由见闻觉知而把"痛苦"这种讯息送入心中，因"我知"而成为"自我刑罚"。

譬如：见到一个仇人，看见不悦、哀伤的情景，虽是一瞬间的事情，却往往刻下一生的痛苦记忆。听见了一句诽谤的话，得到了一个不幸的消息，从此陷入悲伤的泥沼，难以自拔。

还有另一种情形：你看了不该看的事情、听了不该听的话，你知道了一些不该知道的机密，如为秦始皇造墓，墓地完成了，这些参与造墓的人也从此从地球上永远消失了。为过去的宫廷建造机密宝库，等到库房完成，这批人也"知者有罪"。世间许多事情，是因为你"知道"了，才惹祸上身的。

不知，有时是一种幸福；不知，是世间的另一种美。

这种"不知哲学"，乃是我们去除烦恼的办法。人生许多的苦恼都是从知道而来；人世间许多事情，在你不知道的时候，便没有所谓的痛苦。不该看到的事、不该听到的话、不该了解的机密，最好别去查问，不知是福。

学会转嫁怒气

美国名人毕林斯，曾任全美煤气公司总经理长达30年之久。他在总经理任内，给人最深刻的印象，就是他对于许多小事常常会大发雷霆，对于那些重大事情反而镇静异常。例如有一次，他乘车回家，下车时，把一盒雪茄遗落在车里了，不久他记起来，再返身去找，但早已不见了。

这盒雪茄的价值，不过是5美分一支，对他而言真可算是微乎其微的损失。但他竟因此而气得面红耳赤、暴跳如雷，以致旁观者都以为他失去的是一件举世无双的宝物。而后来有一次，他凭空遭遇了大于那十万倍的损失，他却镇定得若无其事。

那是全世界都在闹经济恐慌的年代，毕林斯有好几天因为卧病在床，没有去公司办公。而就在这几天里，有一家银行倒闭了，他凑巧在这家银行里有3万块钱的存款，结果竟成了"呆账"。等到他病愈后，听到这个消息，他却只伸手搔了搔头发，然后沉思了会儿，说："算了，算了。"他验证的是一条金科玉律：遇到一些感觉不快的小事时，尽管发泄你的怒气，直到你的心境完全恢复平静为止。因为这样可以使你永远保持镇定开朗的情绪，使你一旦遇到大事发生，就可以用全部精神去从容应付。否则，不论事情大小，遇气便积在心里，等到面临更大的打击时，你堆积多时的大小怒气便都将如爆裂的气球一样，冲破了理智的范围，变得毫无自制的能力了。

更重要的是：怒气发泄完后，你就必须立即让心情宽松下来，这样你的怒气才算没有白白发作。反之，如果你发作后，仍然把这事牢记在心，不肯忘却，那你所获得的结果一定将糟到不可想象的地步，而且到处都难与人相处。

已故的纽约商界名人鲍门先生，曾经与人谈及一桩他的很有趣的故事。事情是这样的：有一日，鲍门出外散步，偶然听见他的下属乔治正在对人埋怨他们公司的待遇太苛刻，而他的工作时间是那样的长，上司又不肯提拔他。鲍门听得怒火上升,几乎想立刻走过去叫他滚蛋。但是他静立了一会,等到自己怒气稍退后,才走过去向那个职员问道:“乔治,近来你可是受了什么委屈吗?”乔治一时惊惶失措,忙说:“没有什么,先生,我觉得很好!”“方才你不是在说你的工作太多,公司待你不好吗?”鲍门仍很和悦地问。这使乔治越来越局促不安,终于承认刚才的失言,并且说出他感觉不快的最大原因,是由于昨天黄昏时在泥地中换了一个汽车轮胎的缘故。当你在日常生活中或与人接触时受了一些气时,最好是回到房间里静静地坐一会,甚至躺一会儿,或是到外面散散步,到各种娱乐场所去玩玩。总之,你必须用一切方法来解除你的烦恼,直到恢复你的心情为止。

有一次,美国银行界大亨史蒂文,因为某位职员做错了事而痛加斥骂。他让那可怜的职员站在他的面前,自己坐在办公桌后,板起一张冰冷的面孔,手里拿着一支铅笔,指着职员的鼻子,大声痛斥,言辞间极尽嘲讽讥刺之能事。尤其当他说到最后几句恶毒的话时,那位职员忍不住全身战栗起来,恐慌得满头大汗、哑口无言。当时恰巧有一个史蒂文的朋友在一旁坐着,他看见了这幕令人难堪的场面,义愤填膺地站起来向史蒂文说:“朋友!我有生以来第一次看见像你这样凶恶残暴的人。这位先生是贵银行极重要的一位职员,现在你竟当着别的客人的面毫无顾忌地痛加辱骂,幸亏他的修养过人,否则即使他因此对你动粗,旁人也将不以为奇。我们对待任何人,都不该摆出这种毫不留情的铁面孔来。现在我只想替你说句解围的话:“你的神经受到太大的刺激,应该赶快走出这里,好好地静养一下!”

史蒂文听了这一番话,虽然脸上并未立刻缓和下来,但当他的朋友走后不久,他立刻收拾行李,到外埠去静养了一个星期。因为他知道造成他态度恶劣的原因,是由于一大堆的烦恼和愤怒累积而成的。因此,当他旅行回来之时,他几乎完全变成了另外一个人,一个和蔼可亲的人了。发怒最易使我们丧失理智,进而闯下种种不近情理的滔天大祸。所以当你发觉自己已经忍无可忍、快要发作时,最好立即设法离开,跑到一个可以使自己暂时忘却烦恼的地方去静一静。

愈是在紧张复杂的场合,愈应使你的头脑冷静清楚,这样你才不会给自己找麻烦。当别人大发雷霆时,你愈保持冷静沉着的态度愈好,如果你能做到这一步,你就不难发现对方因情绪波动而显露出的种种不妥,并可以逐一加以击破了。

聪明的人会依照自己的个性，选择一种最适当、最有效的泄愤方法，并将它养成习惯。那么当那危险的怒火升腾时，他就不难立刻将它消除于无形之中了。

如何倾倒精神垃圾

人生在世，难免有烦恼和不安，那么请把这些精神垃圾倾倒在地上。因为这种情绪堆积于心中是有害的，反击回去或发泄给别人又会无意中伤害他人。

一天，陆军部长斯坦顿来到林肯的办公室，气呼呼地说，一位少将用侮辱的话指责他偏袒一些人。林肯建议斯坦顿写一封内容尖刻的信回敬那个少将。

“可以狠狠地骂他一顿。”林肯说。斯坦顿听后立刻写了一封措辞激烈的信，然后拿给林肯看。

“对了，对了。”林肯高声叫好，“要的就是这个！好好教训他一顿，真是写绝了，斯坦顿。”

但是当斯坦顿把信叠好准备装进信封里时，林肯却叫住他，问道：“你要干什么？”

“寄出去呀。”斯坦顿有些摸不着头了。

“不要胡闹！”林肯大声说，“这封信不能发，快把它扔到炉子里去。凡是生气时写的信，我都是这么处理的。这封信写得好，相信写的时候你已经消气了，现在感觉好多了吧，那么就请你把它烧掉吧。”

美国钞票公司总经理胡德赫尔在轻时曾屈居小位，抑郁无聊，公司中的上级职员对他更是等闲视之，不加赏识。自恨升迁太慢，胡德赫尔曾多次愤怒得不可抑制，几至愤而辞职。但在提出辞职之前，他总是取出笔来，尽情为公司中的上级职员写下评语。他觉得蓝墨水不能宣泄他胸中的愤怒，所以又改用红墨水写，评语写得淋漓尽致，词无遁影，真好像是须眉毕现，然后收拾纸笔，去告诉他的一位老朋友。他的老朋友也是一个妙人，他叫胡德赫尔别去写这些人的才能和缺陷，不如先拟定一个发展自己的十年计划。胡德赫尔照着做了。这时候，他不但胸中的怒气全消，而且也恢复了冷静，不再有辞职的念头，照常工作，最后终于获得了成功。

胡德赫尔后来说："自此以后，我一有郁不可耐的时候，便如法炮制，复演一回，一经事毕，心神也就随之平静，但我所写的纸片从不示人，自己收藏起来。不久以后，别人都称誉我有自制的能力。所以凡属有为青年，都应学此方法，以约束身心。"

所以，如果你现在正是资浅位卑的时候，也未免会有郁郁不得志之感。如早徒然愤愤于色，进而玩忽职务，这样不但遭人嫌恶，而且在事业上也是自掘坟墓。你不妨照胡德赫尔的办法，用客观的态度加以反省，便不会为一时的情绪所误了。纽约电气大王爱特列治在怒不可遏时会写信泄愤，而一经写出，愤激的情绪便立刻缓和下来。但这种泄愤的信，他常常把它留下来，决不立刻发出，而是腾出一些时间来想一想，这将会引起什么样的后果。

另外一个能引起我们不愉快的根源就是不安心理。有些人常会问："每天都非常地不安，这是因为我天生的个性所致吗？"

"对，有一种人是有与生俱来的强烈不安感。我年轻时也是常被这种无趣的不安所袭，每天都非常地不安。这是内向型的人所特有的感情。"美国一个著名的心理学医生这样解释道："我所烦恼的不是这样那样的哲学问题，是对现实的不安，比如担心自己的工作、担心现在的公司是否能走出不景气的困境、担心自己的婚姻是对还是错等等这些具体的不安。"

告诉你一个处理这些不安的好方法吧！你把你的不安全部写在纸上，因为写下来之后，你就能了解问题出在哪里。

譬如我们在工作上有了不安，心里的不安感就会往上攀升。假设现实中的不安只有 10 的话，在脑中的不安就扩大到 30、50 甚至 100，这样你会有被不安控制的感觉。但是写下来后你就会发现，这种不安只不过是"到底能否继续"的问题。年轻的你即便公司会倒闭，也不能帮上什么忙；如果你负责的是营业方面的工作，就朝着年收入增加 3 倍的目标前进；而如果是关于婚姻的不安，与其烦恼是否可以结得成婚，不如将"要找何类型的情人"这个问题写在纸上，然后列举所有的方法，一个一个地去实践看看。

把不安的问题大致地写在纸上，然后贴在墙壁上，常常去看看它，集中精神来思考，就会有具体的解决方法出现。但这个方法应该用在人生想实现的希望和目标上为宜，对于哲学上不安的问题，即使写了又写，不安还是不会消失的。哲学上的不安，只有等着我们年龄慢慢地增长后，才能去解答。

不为名誉和权力左右

人生在世，功名利禄只是一些身外之物，只要我们努力地前行，真实地面对我们所拥有的、或即将拥有一切，你就会发现，能满足一个人的可以是很多也可以是很少。人生在天地之间，转瞬来去，就像是偶然登台、仓促下台的匆匆过客。人生既然如此短暂，活在世上时就要珍惜人生，不要贪图权势，自酿苦酒。名誉与权势，皆为身外之物，也是水流花谢之物，万万不可一味地去追求它们。如果为了争名夺利不择手段，那就无异于害人害己了，这样的人生有何乐趣？何况，争名夺利不但不会使你流芳千古，反而可能会让你身败名裂！

焦耳，这个名字我们在中学学物理时就很熟悉，是人们为了纪念他所作的贡献，将物理学中“功”的单位命名为“焦耳”的。从 1843 年起，焦耳提出“机械能和热能相互转化，热只是一种形式”的新观点，打破了沿袭多年的热质说，促进了科学的进步。他前后用了近 40 年的时间来研究，最后得到了热功等量值。

事实上，与焦耳同时代的迈尔是第一个发表能量转化和守恒定律的科学家。1848 年，当迈尔等人不断地证明能量转化和守恒定律的正确性并终于使得这一定律被人们承认的时候，名利欲望的膨胀驱使焦耳向迈尔发起了攻击。焦耳发表文章批评说，迈尔对于热功当量的计算是没有完成的，迈尔只是预见了在热和功之间存在着一定的数值比例关系，但没有证明这一关系，首先证明这一关系的应该是他焦耳。随着焦耳发起的这场争论的扩大化，一些不明真相的人也一哄而上，纷纷对迈尔进行了不负责任的错误指责。迈尔终于承受不住这一争论和批评带来的压力，特别是焦耳以自己测定热功当量的精确性来否定迈尔的科学发现权，使得迈尔陷入有口难辩的痛苦境地。这时，迈尔的两个孩子也先后因故夭折，内外交困中的他先是跳楼自杀未遂，后来得了精神病。

虽然当年的迈尔被逼进了疯人院，但今天人们仍然将他的名字与焦耳并列在能量转化和守恒定律奠基者的行列之中。焦耳为争夺名利而导致的错误,也为人们世世代代所遗憾和谴责。

每个人都有自己的活法,对个人而言,各有各的追求;对社会而言,各有各的贡献。一个快乐的人不一定是最有钱、最有权的,但一定是最聪明的,他的聪明就在于他懂得人生的真谛:花开不是为了花落,而是为了灿烂。可遗憾的是,在现代社会中,依然有许多人不但对功名利禄趋之若鹜,甚至还把它们看成是一个人生存的全部价值。好像是否成就轰轰烈烈的功名、是否成为名利双收的"某某家",就是衡量人生存价值的唯一标准。这不啻是人类文明的堕落和退化。

现在的人们,尤其是家长最热衷谈论的话题就是分数、高考、出国深造、做官、成专家之类,其结果是苦了孩子、害了孩子。生命价值的深度和广度怎么能与成名、成"家"、做官、赚钱等画上等号呢?人们如此看重功利名望,导致了很多人一旦争名夺利失败,便一蹶不振,对生命失去信心和热情,从此人生变得暗淡无光,这实在是当代人的悲剧。

我们每一个生活在当今社会的人,在人生的道路上,对名誉和权力的追求都应该有节制。否则,把名誉和权力看得过重,不惜一切代价地想把它们追求到手,岂不是将人生过得过于功利和枯燥了?自己那美好的人生岂不是要大打折扣了?

无可否认,进入了权力中心的人,自有许多政治的、物质的、名誉的利益,也正因为有利益和诱惑,才会有那么多人奋不顾身地去追求。从古至今,围绕着权势历史上和现实中令人扼腕的悲剧。所以说,人生诸多烦恼,多由贪婪权势引起的;人间诸多祸患,也多由贪婪权势招致的。因此我们在追求名誉和权力的时候,更应该铭记的是:君子爱财、爱名、爱权都得取之有道。

人生在世,人人都想活得更好,总是在各种可能的条件下,选择那种能为自己带来较多幸福或满足的活法。所以,除了追名求利外,人生还有另一种活法,那就是甘愿做个淡泊名利之人,粗茶淡饭,布衣短褐,以冷眼洞察社会,静观人生百态,这样就能品出生命的美好,享受到生活的快乐。有的人既不求升官,也不求发财,每天上班安分守己地做好本职工作,下班按时回家,每个月领着不多也不少的工资,晚上陪爱人在家里看看电视,周末带孩子逛逛公园,年轻的时候打打篮球,年纪大点练练太极拳,不生气,不上火,知足常乐,长命百岁。这样的人生可能看起来有些"平庸",

但其中的那份闲适给人带来的满足，也是那些整日奔波劳累、费心劳神追求功名利禄的人所体会不到的。所以国王会羡慕在路边晒太阳的农夫，因为农夫有着国王永远不会有的安全感，而你，若要有农夫那样的安全感就不能有国王的权势。

功成名就从一定意义上讲并不难，只要用勤奋和辛劳就可以换取，就是需要把别人喝咖啡的时间都用来拼搏。就一般情况而言，你多得一份功名利禄，就会少得一份轻松悠闲。而一切名利都会像过眼烟云一样逝去，人生最重要的还是一个温馨的家和脚下一片坚实的土地。

旷世巨作《飘》的作者玛格丽特·米契尔说过："直到你失去了名誉以后，你才会知道这玩意儿有多累赘，才会知道真正的自由是什么。"盛名之下，是一颗活得很累的心，因为它只是在为别人而活着。我们常羡慕那些名人的风光，可我们是否了解他们的苦衷？其实大家都一样，希望能活出自我，因为能活出自我的人生才更有意义。

世间有许多诱惑：名誉、金钱、地位等等，但那些都是身外之物，只有生命最美，快乐最贵。我们要想活得潇洒自在，要想过得幸福快乐，就必须学会淡泊名利，割断权与利的联系；无官不去争，有官不去斗；位高不自傲，位低不自卑，欣然享受清新自在的美好时光，这样就会感受到生活的快乐和惬意。否则，太看重权力地位，让一生的快乐都毁在争权夺利中，就太不值得了，也太愚蠢了。

学会以淡泊之心看待权力地位，乃是免遭厄运和痛苦的良方，也是得到人生幸福和快乐的智慧所在。

不要为虚荣付出代价

商品时代培育出来的商品意识、商品情结，只会使人会变得更贪婪、更好高骛远。越是看重金钱和物质，人就越不容易满足，心理也变得越脆弱。

其实很多时候，不要面子会活得更好。面子只是一种表面的尊严，过分维护这种尊严，往往是内心脆弱的表现，容易使我们丧失自我。要面子是许多人获得简单和快乐的最大障碍。面子其实是一种虚荣，它和道德相比，只不过是一抹浮云和一阵轻烟罢了。

爱面子实际上正是信心不足的表现。爱面子的人将一直在别人的眼光和尺度中生活，幸福是别人眼里的幸福，痛苦也是别人认为的痛苦。他们全部的生活目标就是简单的一句话：过得比别人好。而真正自信的人，是不会去背负那虚荣的十字架的。他们总是坚韧地、踏实地相信着自己，承认着自身的价值。

在虚荣的人眼里，孩子在学校里成绩要比别人好，得到的表扬要比别人多，上的学校名气要比别人大，学的专业要比别人好，分的单位要比别人强；爱人在单位里的地位要比别人高，工资要比别人多，人缘要比别人好，提升要比别人快，部门要比别人显要，成绩要比别人突出；房子面积要比别人大，装修要比别人豪华，地理位置要比别人理想……而要实现这些目标，就必须比别人更努力地去奋斗、去苦干。但比较是永无止境的，这件事刚比完，下一件事又来了。在没完没了的攀比和较量中，他们渐渐失去了本来可以拥有的闲暇和轻松，心情越来越紧张和焦躁，感觉越来越累，快乐也会越来越少。无休无止的追逐和竞争让我们身心疲惫，这又何必呢？

人家有人家的生活，你有你的人生，幸福的形式是千差万别的，鞋子合不合脚，只有穿鞋的人自己知道，别人都是毫不知情的旁观者而已。同样的道理，别人的痛苦你感受不到，你看到的别人所谓的幸福极有可能只是一种假象：一个住别墅的商人可能欠债百万，一个开奔驰的企业家可能已经濒临破产，一对手挽手走进饭店的夫妻可能刚刚协议离婚……所以不要把自己的幸福定位在和别人攀比上，实实在在地过好自己的日子吧。

商品社会使得我们很多人误认为财富就代表着成功。在这种背景中，消费的目的不再是因为需要，而是为了炫耀或是用来证明自己，由此导致生活的形式与内容严重脱节。今天张三买了一双名牌皮鞋，你明天一定要去买一双比他更名贵的；明天李四买了一辆汽车，你后天一定要去买一辆比他更高档的。别人的每一次消费，都会触动你敏感的神经。一番折腾下来，尽管你处处都占了上风，也终于博得了别人羡慕的眼光，但自己却早已心力交瘁，幸福没有找到，时间和精力却在表演中飞速流逝了。

活在别人的标准和眼光之中是一种痛苦，更是一种悲哀。人生本来就很短暂，真正属于自己的快乐更是不多，为什么不能为了自己完完全全、真真实实地活一次？人的价值是由实力决定的，不是靠作秀取得的。法国前总理朱佩在一次视察某地时手里拎着个超市的塑料袋，接受采访时，这个袋子也一直拎在手上，可没有谁觉得他寒酸，也没有谁觉得他不够绅士，相反，人们投给他的都是钦佩的目光。由此可见，身份不是由华丽的装饰决定的。

现在有些人急切地希望成功，成功后也喜欢炫耀，希望及时挥霍成功果实，其典型表现就是大手大脚花钱给别人看，特别是在熟人和亲友面前，迫切想显示自己的财富。而那些真正事业有成的人，反而能够在生活中保持一颗平常心。

有一次，亨利·福特到英格兰去，在机场问询处，他询问当地最便宜的旅馆。接待员看了看他，一眼就认出了这个超级富豪亨利·福特。就在前一天，报纸上还登出了他的大幅照片，说他要来这儿。

接待员说："要是我没搞错的话，你就是亨利·福特先生。我记得很清楚，我看到过你的照片。"他说："是的。"接待员疑惑不解地对他说："你穿着一件看起来像你一样老的外套，询问最便宜的旅馆。我也曾见过你的儿子上这儿来，他总是询问最好的旅馆，他穿的也是最好的衣服。"

亨利·福特说："是啊，我儿子好出风头，他还没适应生活。对我而言没必要住在昂贵的旅馆里，我在哪儿都是亨利·福特。即便是在最便宜的旅馆里我也是亨利·福特，这没什么两样。这件外套是我父亲的，但这没有关系，我不需要新衣服。即使我赤裸裸地站着，我也是亨利·福特，这根本没关系。"

是的，可能你的外套比亨利·福特的高档，可是这能说明你比他更有钱吗？可能你比亨利·福特住过更贵的旅馆，可是这能表示你比他更有身份吗？

在生活中有些人好出风头，总怕别人不知道自己，一逮住机会不是高声炫耀自己的身份，就是到处分发名片，这是虚荣心在作怪。也有一些人不慕外表华丽，而是时时以坚持自我秉性为本，这种人是最谦虚的人，也是最值得尊敬的人。

幸福是一种绝对自我的感觉，只要你觉得自己幸福，你就是幸福的；反之，如果连你自己都感觉不到幸福，那无论在别人眼里你是如何的风光，你心里仍然会是一片冰凉。不同的人有不同的活法，不同的人也有不同的幸福。关键就在于我们是否真的明白，自己这一辈子到底要什么。如果一个人总是得陇望蜀或盲目攀比，那他永远都不会幸福和快乐。

好心态是快乐人生的前提

“我是命运的主人，我主宰自己的心灵”。我们的心态决定我们的命运，拥有好的心态才能创造出美好的未来，才能享受快乐人生。人生的旅途中总是有许多挫折相伴，自卑、沮丧、懊恼像魔鬼一纠缠着我们。有人被它们俘虏，生命就此黯淡无光。有人视它们为自然，用良好的心态与之较量，终使它们落荒而逃。

良好心态铸就美好人生

每个成功者都能在情绪低落的时候，激发自己的积极心态，从而达到快乐。也就是说快乐需要正确的心态才能得到。

人的一生中，难免会遇到各种各样的问题，总会遇到一些不称心的人和不如意的事。此时，如果你有快乐而又自信的好习惯，那么你总能在苦难与不如意中找到自己的快乐。看一看这个故事吧：

杰里是个饭店经理，他的心情总是很好。当有人问他近况如何时，他总是回答说："我快乐无比。"如果哪位同事心情不好，他就会告诉对方怎么看到事物的正面。他说："每天早上，我一醒来就对自己说：杰里，你今天有两种选择，你可以选择心情愉快，也可以选择心情不好。"我选择心情愉快。我这样对自己说。每次有坏事情发生，我可以选择成为一个受害者，也可以选择从中学些东西。我选择后者。归根到底，由你自己选择如何面对人生。"

有一天，他忘记了关后门，3 个持枪歹徒闯进来朝他开了枪。幸运的是事情发现得较早，杰里被送进了急诊室。经过 18 个小时的抢救和几个星期的精心治疗，杰里出院了，但仍有小部分弹片留在他体内。

6 个月后，有位大学生见到了他，并问他近况如何，他还是说："我快乐无比。想不想看看我的伤疤？"那位大学生看了伤疤，然后问他当时想了些什么。杰里答道："当我躺在地上时，我对自己说有 2 个选择：一是死，一是活。我选择了活。医护人员都很好，他们认为我会好的。但在他们把我推进急诊室后，我从他们的眼中看到了'他是个死人'的讯息。我知道我需要采取一些行动。"

"你采取了什么行动？"

杰里说："有个护士大声问我有没有对什么东西过敏。"我马上答道："有的。"这时，所有的医生和护士都停下来等我说下去。我深深吸了一口气，然后大声吼道：'子弹！'在一片大笑声中，我又说道："请把我当活人来医，而不是死人。"

杰里就这样活下来了。这个故事要告诉我们的是：人生充满了选择，而生活的态度就是一切。你用什么样的态度对待你的生活，生活就会以什么样的态度来对待你。你消极，生活便会黯淡；你积极向上，生活就会给你许多快乐。

怎样能够使自己变成一个真正快乐的人，这可真是一门高深而复杂的学问。单单叫你要快乐，叫你微笑，或是大笑是没有用的。假使你是一个很不幸的人，假使你看不见你自己的前途，对人类的善良和美好失掉信心，觉得自己很琐碎、卑微、无聊而又堕落，那么即使你能笑，你笑出来的也不是快乐，至少你的笑不能使人快乐。

只有正确地对待生活，保持良好的心态，才能克服以上提到的困难，从而快乐地生活。

拥有正确心态的同时，你还要对自己的未来负责，给自己些压力，以求发展。譬如说，有不少外地来的大学生都想留在北京深造、发展，然而中国的社会现实是对外地的学生采用“指标”的方法进行“适度控制”。对社会管理者来说，这是一种可以理解的、无奈的选择。然而对外地学生来说，直接留京不行，难道你就不能采取考硕士生、博士生的方式来实现自己的“夙愿”吗？这就逼着你不得不将学问做好、做扎实。如果真这样，“坏事”就变成了“好事”。因为你自己对自己的将来就会很有信心，也在奋斗中找到了自我，找到了快乐。

生活本无什么非常手段，如果一个人有了强大的实力，那么他选择和发展的机会就会大大地增多，你的生活也会少一份忧愁，多一份快乐。

以良好的心态笑看输赢得失

有个可以迅速快乐起来的方法，那就是改变我们思考的重心，试着去想美好的东西。不是抱怨你的薪水，而是感激你拥有一份工作；不是期望你能去夏威夷度假，而是想到你家附近亦有乐趣。一个能够笑看输赢得失的人，是一个胸怀宽广者，也是一个淡泊名利者。他们深信自己的潜能足以实现任何梦想，他们认为积极美好的心态是做事成功的精神食粮。那么如何培养富足之心，笑看输赢得失呢？

一、享受孤独

富足之心是宁静的。个性并不害怕孤独，反而享受它。孤独是个性中最美好的一部分，原本就不存在能不能忍受的问题。

笑看输赢的人总是能够给自己留出时间，享受独处的欢乐，整理往事，展望前程，想象丰富多彩的美好生活。内心贫乏的人，生性急躁，喜欢喧嚣和热闹，一刻也离不开从他人眼中找寻自己赖以生存的保障，独处将倍感寂寞，但自身环境却又窄得令他窒息。笑看输赢的人，独自享受个性滋润，修身养性。他享受宁静和孤寂，在反省中看见自身的不足。他先把自己准备得很充分，然后再投入步调紧凑的生活中去。

二、不求回报

笑看输赢的人愿意帮助他人，不求名利和回报。他知道内心里献出的东西，依旧会从内心里产出。他就像自己的一家能源工厂，生产力很强，永远能提供满足。

三、心胸开阔

笑看输赢者对损失看得淡如云烟。他相信相对于整体而言，损失的不过是小小的一部分。他心胸开阔、襟怀坦荡，遇到烦恼总会释怀，不会老是对自己埋怨和指责。因为他知道谁都有犯错的时候，他勇于承认错误，并宽恕自己和他人。他只是采取行动来挽回损失，满心喜悦地做着自己能力范围内的事。

四、幸福没有高度

不要说等我拿了多少工资后就会幸福，不要认为等到某一天来了你才能握住幸福的手。如果你拥有“多多益善”的想法，认为物质生活“越多越好”，那你永远不会满足，永远也抵达不了你给自己定的幸福的高度。

每当我们得到什么，或达到了某一目标，我们大部分人就会立即投入到下一件事，这压制了我们对生活和许多幸福的欣赏。

学会满足并不是说你不能或不该想得到比你的财产更多的东西，只是说你的幸福不要依赖于它。你可通过关注现在，而不是太过注重你想得到的东西来学会安享现有的一切。

幸福没有高度，只需要你以新的眼光看待你的生活，就像是第一次看到它那样。当你拥有这一新的意识，你将会发现，当新的财产或成就进入你的生活时，你的欣赏程度将被提高，生活也将会变得更加快乐。

面对绝境的心态

绝境可以击垮甚至毁掉一个人，包括他的梦想、他的生命。但是如果你能拥有良好的心态，不轻易低头和服输，那么绝境乃是你做成大事的最肥沃的土壤，将是你成为天才的进身之阶。保罗·迪克刚刚从祖父手中继承下来的“森林庄园”，被一场雷电引发的山火化为灰烬。面对焦黑的树桩，保罗欲哭无泪。年轻的他不甘心百年基业毁于一旦，决心即使倾其所有也要修复庄园。于是他向银行提交了贷款申请，但银行却无情地拒绝了他。接下来，他四处求亲告友，但依然一无所获……

所有可能的办法全都试过了，保罗始终找不到一条出路，他的心在无尽的黑暗中挣扎。他知道自己以后再也看不到那郁郁葱葱的树林了。为此，他闭门不出，茶饭不思，眼睛熬出了血丝。

一个多月过去了，他年已古稀的外祖母获悉此事后，意味深长地对保罗说：“小伙子，庄园成了废墟并不可怕，可怕的是你的眼睛失去了光泽，一天天地老去。一双老去的眼睛，怎么可能看得见希望呢？”

保罗在外祖母的劝说下，走出了庄园，走上了深秋的街道。他漫无目的地闲逛着。在一条街道的拐角处，他看见一家店铺的门前人头攒动，便下意识地走了过去。原来是一些家庭妇女正在排队购买木炭。那一块块躺在纸箱里的木炭忽然让保罗眼睛一亮，他看到了一线希望。

在接下来的两个多星期里，保罗雇了几名烧炭工，将庄园里烧焦的树加工成优质的木炭，分装成箱，送到集市上的木炭经销店。结果，木炭被一抢而空，他因此得到了一笔不菲的收入。不久，他用这笔收入购买了一大批新树苗，一个新的庄园又初具规模了。几年以后，“森林庄园”再度绿意盎然。

在我们的周围，有很多人之所以没有成功，并不是因为他们缺少智慧，而是因为他们面对事情的艰难没有做下去的勇气。他们自认为已陷入绝境，只知道一味地悲观和失望。

对年轻的保罗来说，当他擦亮自己的双眼后，生活的道路便重新展现在他的面前。其实，人生就是这样，只要心中还有一线希望，那么无论来自外界的不幸是多么的沉重，无论源于自身的灾难是如何的巨大，脚下总会有一条新的道路。

只要你是个拥有良好心态的人,那么在这个世界上就没有真正的“绝境”。无论黑夜多么漫长,朝阳总会冉冉升起;无论风雪怎样肆虐,春风终会缓缓吹拂。

认识你的心态是成功的开端

做事成功的起点就是你积极的心态，做事成功的开端就是认识你的心态。没有谁能够决定整个世界,但人人都能决定自己的心态。你自己的心理、思想、情感、精神完全由你自己的心态创造。好的心态是你做大事的资本。

普天之下,芸芸众生,谁不想实现自身的价值？谁不想拥有无穷无尽的财富？尤其是有抱负的人更加渴望轰轰烈烈的辉煌人生。然而,人生成功的起点在哪里呢？究竟什么才是做事成功的开端呢？

无数成功的范例告诉我们,做事成功的起点就是你的心态,做事成功的开端就是认识你的心态。

心态即人的心理状态。任何人的心理状态都有两方面,即积极的心态和消极的心态。那么,这两种不同的心态各有什么作用呢？

积极心态是做事有“心计”,是渴望成功的人必须具备的心态。积极心态具有惊人的力量:它能创造财富、创造健康、创造快乐、创造成功;它能获得朋友、消除烦恼;它能使你的人生充满辉煌。

消极心态也同样具有惊人的力量:它拒斥财富、拒斥健康、拒斥快乐,使你远离成功;消极心态使你的朋友离你而去,使你愁上加愁、苦中添苦,它只会使你的人生黯然失色。

所以,要想拥有好的积极的心态,就必须要有一个好的“心计”。好“心计”是好心态的前提,没有好“心计”就调节不出好的心态。

“心计”为什么具有如此神奇的力量？让我们看一看台湾塑胶大王王永庆成功的故事。

王永庆出生在台北县新店镇。因为小时候家里很穷,王永庆小学毕业后就到一家米店打工。打工时,他就心存大志想日后开一家米店。于是,在打工时他就细心学习老板的经营诀窍。16 岁时,王永庆独自开了一家米店。米店在开张之初经营很困难,因为米店生意的对象是每个家庭,而当时几乎每个家庭都已经有了固定的米店供应。但是,王永庆并不悲观,他开始上门推销,终于争取到了几个客户。争取到客户后,王永庆想:“如果我的米的品质和服务质量不比别人好的话,争取来的客户也会流失,我得在米的品质和服务上下工夫。”于是,他主动上门服务,了解每一个顾客的情况,力争把米的质量提高到最好。终于,王永庆的米店跻身到了大规模米店的行列。

王永庆开米店的成功,完全归功于王永庆好的“心计”和积极心态。他积极争取到一个又一个的成功,最终使自己的生意越来越红火。

从心理学的角度来说,当一个人拥有了积极的心态之后,他就树立起了人生的信念。有了信念就能够很好地完成自己的工作,并且会觉得工作时很有信心,也很快乐,而且在工作中一旦有了成绩,他的信念则会越发坚定,他的心态也会随之更为积极。这样,“心计”——心态——信心——工作,工作——信心——心态——“心计”之间就形成了一种良性循环。相反,当你的心态处于消极状态的时候,你会对自己和自己的工作失去信心,没有了信心也就没有了干劲,身上原来拥有的能力也会因你信心的消失而消失,这时的工作也就越来越不好做,生活也就会越来越不顺心,工作越难做,生活越不顺心,信心就越丧失,信心丧失了,“心计”就差,心态随之也越差,无形之中就形成了一种恶性循环。

这两种循环都是情绪和行为相对应的一种反应。两种循环都取决于人的心态。前一种循环铸就成功,后一种循环通往平凡。因此,可以肯定地说,做事成功的起点就是你的心态,做事成功的开端就是认识你的心态,而主宰这一切的是你的“心计”。如果你还不认识你的心态,你就将滑到落伍者的行列。

不言败,成功就离你不远

用一双慧眼穿过岁月的风尘去寻觅灿烂的星辰,用一颗坚强的心越过荆棘丛生的生活去触摸未来的辉煌,总之只要不要向失败低头,成功就离你不远。曾经有两个病人从病房中望窗外,一个看到的是满目泥土;一个看到的是万点星光。面对同样的遭遇,前者持一种悲观失望的灰色态,看到的自然是满目苍凉、了无生气；后者持一种积极乐观的红色心态，看到的自然是星光万点、一片光明。一个充满了死的恐惧；一个则满怀生的希望。

人的一生，就像一趟旅行，沿途中有数不尽的坎坷泥泞，但也有看不完的春花秋月。如果我们的心总是被灰暗的风尘所覆盖，就会干涸了心泉，黯淡了目光，进而失去了生机，丧失了斗志，我们的人生岂能美好？我们又能成就什么大事？而如果我们能保持一种健康向上的心态，即使我们身处逆境、四面楚歌，也一定会有“山重水复疑无路，柳暗花明又一村”的那一天。

而且，就现实的情形而言，悲观失望者一时的呻吟与哀号，虽然能得到短暂的同情与怜悯，但最终会为别人所鄙夷与厌烦；乐观上进的人，经过长久的忍耐与奋争、努力与开拓，最终赢得的将不仅仅是鲜花与掌声，还有那饱含敬意的目光。

虽然，每个人的人生际遇不尽相同，但命运对每一个人都是公平的。因为窗外有土也有星，就看你能不能磨砺出一颗坚强的心、一双智慧的眼，透过岁月的风尘寻觅到辉煌灿烂的星辰。先不要说生活怎样对待你，而是应该问一问自己是如何对待生活的。

如果你对自己很有把握，充满自信，那么你就会保持乐观向上的心态，相信自己能够做成任何事情。然而，在一个人奋斗的历程中，患得患失以及根深蒂固的自卑心理都会影响到你的自我感觉，进而影响你获取成功的能力。由于没有把握好自己的心态，你很容易犯各种错误。

“失败”，可以说是个非常可怕的字眼，它可以让你原本富裕的生活变得一无所有。所以我们对失败的畏惧，也是极正常的心理状态，但如果一味地陷入这种恐惧也不是办法，最重要的是我们要想办法去克服这种有害无益的心态。

如果你正在为失败焦虑不安，而你又是如此的渴望成功，那么试试下列的方法，或许会对你有所帮助。

一、弄清忧虑所在

找出你真正担心的东西是什么。吉尔并不担心经不起刚开始的考验，她所担心的是一旦得到那份工作之后可能面临的失败。

二、消除恐惧

南茜担心如果自己挣钱比丈夫多,会令他产生危机感。对于她而言,解决问题的唯一办法就是与丈夫开诚布公地讨论这件事。

三、预测最坏的结局

问一下自己:“最坏的结果会是什么?”对杰夫来说,他担心被调入计算机部门,而最坏的结果不过是他不得不回到自己原来的岗位或者另找一份新工作罢了。有了这样的“后路”,失败的冲击会变小很多。

在生活中,失败是使我们各种计划更趋完善的一种方式。比如你正在实施一项减肥计划,成功促使你不断地坚持下去。在最初的两个月里,你平均每周能减轻两磅,可后来情况发生了变化,你又反弹了一磅。这一小小的倒退是帮你完善你的减肥计划的重要一环。只要你从此更加注意自己的热量摄入,并坚持锻炼,你的体重就会再次下降。

失败、风险和变革都是个人进步和事业发展中的关键环节。如果不冒风险,那你可能永远都不会前进。如果没有变革,那你可能永远都没有机遇。

所有的人都会有失败的时候,重要的是不要被失败所困,多花点时间找出失败的原因,并从中汲取教训。如果你不能摆脱失败的影响,那你就将裹足不前。

一件事情上的失败绝不意味着你的整个人生都是失败的。失败只是暂时受挫,不要把它当成生死攸关的问题。永远保持积极的心态,你将离成功更近一些。

信念能创造奇迹

信念是任何人都可以免费获得的,相信自己,相信信念,信念能让人创造奇迹。信念是一切奇迹的萌发点,纵观古今中外凡能成大事者,无不是从一个小小的信念开始的。

罗杰·罗尔斯是美国纽约州历史上第一位黑人州长。他出生在纽约声名狼藉的大沙头贫民窟。这里环境肮脏,充满暴力,是偷渡者和流浪汉的聚集地。在这儿出生的孩子,从小逃学、打架、偷窃甚至吸毒,长大后很少有人从事体面的职业。然而,罗杰·罗尔斯是个例外。他不仅考上了大学,而且成了纽约州的州长。

在罗杰·罗尔斯的就职记者招待会上，一位记者对他提问道："是什么把你推向州长宝座的？"面对三百多名记者，罗尔斯对自己的奋斗史只字未提，只谈到了他上小学时的校长——皮尔·保罗。

1961年，皮尔·保罗被聘为诺必塔小学的董事兼校长。当时正值美国嬉皮士流行的时代，他走进大沙头诺必塔小学的时候，发现这儿的孩子比"迷惘的一代"还要无所事事。他们不与老师合作，旷课、斗殴，甚至砸烂教室的黑板。皮尔·保罗想了很多办法来引导他们，可是没有一个奏效。后来他发现这里的孩子都很迷信，于是在他上课的时候就多了一项内容——给学生看手相。他就是用这个办法来鼓励学生的。

当罗尔斯从窗台上跳下，伸着手走向讲台时，皮尔·保罗说："一看你修长的小拇指我就知道，将来你肯定是纽约州的州长。"当时，罗尔斯大吃一惊，因为长这么大，只有他奶奶让他振奋过一次，说他可以成为五吨重的小船的船长。这一次，皮尔·保罗先生竟说他可以成为纽约州的州长，着实出乎他的意料。他记下了这句话，并且相信了它。

从那天起，"纽约州州长"在罗尔斯心里就像一面旗帜，他的衣服不再沾满泥土，说话时也不再污言秽语，他开始挺直腰杆走路。在此后的40多年里，他没有一天不按州长的身份要求自己。51岁那年，他终于成了州长。

信念是任何人都可以免费获得的，相信自己，相信信念，信念能让人创造奇迹。就如亨利的诗句："我是命运的主人，我主宰自己的心灵。"

是的，只有你才是自己命运的主人，只有你才能把握自己的心态，而你的心态塑造着自己的未来，这是一条普遍的规律。我们能够把扎根于人的心灵中的思想和态度转化成有形的现实，不管这种思想和态度是什么。我们能很快地把贫穷的思想变成现实，也同样能很快地把富裕的思想变成现实。

有人也许会问："老天生来就待我不公，我生下来就有生理缺陷，那我该怎么办呢？"如果你属于这类"不幸者"之列，那就想想海伦·凯勒的人生经历吧！还有谁能比一个又聋又哑又瞎的女孩更为不幸呢？可她成了美国著名的作家。

不论你在生理上是否有残疾，不论你是儿童还是成人，你都能从中得到以下启示：

1. 只有那些能够产生热烈的愿望以达到崇高目标的人，才能走向伟大。

2. 只有那些以积极的心态不断努力的人，才能取得并保持成功。

3. 在人类的任何活动中，要变成一个成熟的成功者，就必须实践、实践，再实践。

4. 当你确立了特定的目标时，努力和劳动就会变成乐事。

5. 对那些被积极的心态所激励并渴望成功的人来说，无论处于任何逆境，他们都会产生一粒与之等量或更大力量的种子。

是的，一个积极的心态比什么都重要。只要你坚信自己能做到，你就一定能做到。不要给自己找借口，因为能打败你的人只有你自己，而能挽救并成就辉煌的人也只有你自己！

别让钱左右你一生

一个大富翁家有良田万顷，妻妾成群，可是他的日子过得并不开心。挨着他家高墙的外面，住着一户穷铁匠，夫妻俩整天有说有笑，日子过得很开心。一天，富翁小老婆听见隔壁夫妻俩在唱歌，便对富翁说："我们虽然有万贯家财，还不如人家穷铁匠开心！"富翁想了想，笑着说："我能叫他们明天就唱不出声来！"于是他拿了两根金条，从墙头上扔了过去。

打铁的夫妻俩在第二天打扫院子时发现了两根不明不白的金条，心里又高兴又紧张。为了这两根金条，他们连铁匠炉子上的活都丢下不干了。男的说："咱们用金条置些好田地。"女的说："不行！金条让人发现了，会怀疑我们是偷来的。"男的说："你先把金条藏在炕洞里。"女的摇头说："藏在炕洞里会叫贼娃子偷去。"他俩思来量去，也没想出好办法。自此，夫妻俩饭吃不香，觉也睡不安稳，以往的快乐再也没有了。

穷人看到有钱的人大富大贵，以为他们很幸福，但是有钱人心里不一定痛快。有的人，别人看他离幸福很远，却时时与快乐邂逅。我们虽然无法改变我们的境况，但我们可以改变自己的心态。没了工作不要紧，但不能没有快乐。如果连快乐都失去了，那活着还有什么意义。快乐是人天性的追求，开心是生命中最顽强、最执著的律动。

物质世界和精神世界其实是相辅相成的，只要开开心心，生活的趣味就会更浓厚、更有意义，恐惧和压抑感就自然会在内心深处消失。坦坦荡荡地做人，开开心心地生活，才会让你感到生活和自己的可爱。

学会正确发泄胸中的怒气

说起来也许没人相信，规模宏大的纽约劝业银行的创立与发展，也只是由于该行总经理佛勒的一怒之功。

有一次，佛勒与某大银行的一位经理见面时，偶然说起他想在长岛设立一家银行，若能如愿，将来生意一定发达，前途不可限量。但是那位经理是怎样回答他的呢？他不但对于这个计划不加半点评论，而且露出十分轻蔑的样子说："好啊！只要你的命够长，也许有一天，你是可以在这里开一家银行。"说着便起身告辞了。

佛勒先生后来告诉别人说："当时我听了他的冷言冷语，不觉燃起万丈怒火。这是什么话！'只要你的命够长'？这不是等于说我是一个庸碌无能、怠惰成性、专等机会的人吗？这不是等于讥讽我这辈子也开不了银行吗？这样大的一个耻辱，岂是一个堂堂男子汉所能忍受的？好，我立刻打定主意，尽快着手开设一家银行给他瞧瞧，而且非使我的银行营业额超过他的纪录不可。然后我真的这样做了，而且不到 4 年，我们银行的存款数额果然已经超过他的一倍以上。"

佛勒说，如果当时没有那股怒火，说不定他不会开银行。他的成功秘诀就是："用努力来发泄胸中的怒气。"结果，他终于把侮辱他的对手压倒。你参观过应用各种机器的工厂吗？那些最有效率、最精良的机器，整天都是静静地转动着，不易损毁，也不易发生种种意外。而那些劣等的机器，却总是从早到晚唧唧喳喳的，而且常常出故障，少不得有一个维修员成天蹲在旁边修理。

一个善于利用愤怒的人，就像那些精良的机器一般，把他的愤怒藏在心里，造成一种惊人的力量，使自己静静地、沉着地前进，并奋斗到底。反之，那些不善于利用愤怒的人，一遇刺激就立刻大发雷霆，结果不但一无所成，而且常招致丧财杀身之祸，就像那些劣等机器所遭遇的一样。

所以当你怒气上冲时，千万别盲目发作，比如大声叱骂、拉头发、撕衣裳、摔椅子……因为最终损失最大的还是你自己。

远在 200 多年前，一位大诗人就说过这样几句话："愈是在一个善于忍耐的人面前，你愈得当心他的怒气发作。当他那股积愤一旦爆发时，任何人都无法阻止。”

有一位著名的富商，他发泄怒气的方法十分有趣且特别。他说：“当我自知将要生气时，连忙不动声色地设法离开，一口气奔到我的健身房里。如果恰逢我的拳师在那里，我就和他大打出手；如果拳师不在，我就猛力捶击沙包，直到发泄完我的满腔怒火为止。”

这真是一个“泄怒妙策”！他知道怒气将来时，如果一拳击在对方的额头上，一定会闯下大祸。但如果把沙包当作那个激怒他的人的头，一拳拳地打去，即使打上无数拳，也不会造成任何恶果。

荣辱不惊，泰然处之

人生在世，谁没个三难六难。当不幸降临的时候，我们应该笑迎厄运。厄运当前，相迎似乎已经够费解的了，为什么还要我们笑迎厄运呢？

首先，厄运难免，犹病魔之难逃，与其知“厄”而退，倒不如迎“厄”前进这实在是无奈之策。

黄河尚有九曲十拐，天气也有风云变幻，何况是漫漫人生路！在人生这条路上，你如果不愿吃“白相”饭，又“难得糊涂”，想“认真”一番，致力于做一个经得起时间考验的人，那就注定你的人生路弯弯曲曲、坎坎坷坷。苏东坡算是看透了这一点，曾作诗抒臆：

人皆养子望聪明，我被聪明误一生。

惟愿孩儿愚且鲁，无灾无难到公卿。

苏老先生豁达大度，按理，这只能是愤世嫉俗的反话。如果他当真后悔“被聪明误一生”，转而懦弱起来，还告诫子孙学个谦谦君子，权当愚且鲁型的混世庸才，那就不是原来的苏东坡了。其实，“树欲静而风不止”，谦谦君子又岂能是无灾无难的避风港！那个“林教头”林冲落草之前，为保乌纱，逆来顺受，够阿弥陀佛的了，结果还是祸不单行，被逼上梁山。

所以厄运当前，积极的态度是学大禹治水，因势利导。病魔难逃，“既来之，则安之”；厄运难免，用笑脸来迎接。贝多芬说得好：“在困厄颠沛的时候坚定不移，这就是真正值得钦佩的人的不平凡之处。”

其次，厄运之于人，固然令人难受，但要知道，“祸兮，福所倚”。

厄运是一副催化剂，能使人步坚。逆境最能锻炼人才，奇迹常在厄运中产生。达尔文创立进化论时，连祖宗十八代都被骂遍了；安立林为求给人类提供香蕉梨，无端被人指控为“把上帝的果园变成了妓院“！这些不同凡响的强者把厄运当作动力，奋然前行，终于攀上了理想的高峰，到达了胜利的彼岸。“沧海横流，方显出英雄本色”。鉴于此，贺龙元帅曾出乎意料地为赛场上的失败者设宴、干杯，使其士气为之高涨。

厄运是一面透视镜，使人心明。

古希腊哲人德谟克利特曾说：“能使愚蠢的人学会一点东西的并不是言辞，而是厄运。”文化界就有一条金科玉律：文穷而后工。不少人虽在官场失意却在文坛留名。司马迁在《报任安书》中行文如流水，一口气历数了：

文王拘，而演《周易》；仲尼厄，而作《春秋》；屈原放逐，乃赋《离骚》；左丘失明，厥有《国语》；孙子膑脚，《兵法》修列；不韦迁蜀，世传《吕览》；韩非囚秦，《说难》、《孤愤》……

可见在厄运时，往往能抛开一切杂念的人，才能成就古今大业。

厄运是一方“清洁魔巾”，使人眼高。人唯处厄运中，方能窥尽世态炎凉，透彻、自如地品味人生的苦辣酸甜。豪门公子曹雪芹，若非落到“茅椽蓬牖，瓦灶绳床”之境地，何来辉煌巨著《红楼梦》，把个封建酱缸揭露得淋漓尽致？鲁迅如果一生都做富门大少爷，或者委身蒋家王朝，又岂能写出一手如投枪、似匕首的泼辣杂文？

拿破仑说过：“从伟大到可笑，只有一步远。”有鉴于此，我们倒替那些平步青云却十分稚嫩的幸运儿担忧。如其自以“天之骄子”而得意忘形，随心所欲，说不定就有一天会摔下来，甚至掉进万丈深渊，永无翻身之日。

超越自我，创造美好人生

“提升自我，超越自我”是人成长、成功的必经历程，是人格魅力之所在，是我们奋斗的意义和生命存在的意义之所在。人最难战胜的敌人是自己，一个能战胜自我、超越自我的人注定是一个能在自己和他人的人生中创造辉煌与奇迹的人，也是一个能为自己创造快乐美好人生的人。

依靠自我

有些人一碰到困难就忙着去向别人讨教答案，其实这仅能证明他心里的恐惧多于困难本身可能带给他的恐惧，而这些恐惧才是他做事失败的真正原因。

黄昏时刻,有一个人在森林中迷了路。天色渐渐地暗了,眼看夜幕即将笼罩大地,黑暗的恐惧和危险一步步移近。这个人心里明白:只要一步走错,就有掉入深坑或陷入泥沼的危险。也许会有潜伏在树丛后面饥饿的野兽,正虎视眈眈地注意着他的动静,或许一场狂风暴雨式的恐怖正威胁着他,准备侵袭他。万籁无声,对他来说犹如一片死前的寂静。

这时,凄黯的夜空中,几颗微弱的星光一闪一闪,似乎带来了一线光明,却又不时地消失在黑暗里。但是对汪洋中的溺水者来说,一根空心的稻草都是珍贵的,都会以为是救命的法宝。

突然间,眼前出现一位流浪汉踽踽途中,他不禁欢喜雀跃,上前叫住,探询出去的路途。这位流浪汉很友善地答应帮助他。可是很快他就发现这位陌生人和他一样也迷路了。于是他失望地离开了这位迷途的陌生伙伴,再一次回到自己的路线上。不久,他又碰上了第二个陌生人,那人肯定地说他拥有走出森林的精确地图。他再次跟随这个新的向导走,后来发现这向导是一个自欺欺人的人,他的地图只不过是他自我欺骗的幻觉而已。于是他再次陷入深深的绝望之中。他漫无目的地走着,一路的惊慌和失误使他变得彷徨、失落和恐惧。无意间,当他把手插入口袋时,找到了那张自以为已丢失的正确的地图。

他若有所悟地笑了:原来它始终就在这里,只要往自己身上去寻找就行了。之前他太忙,忙着询问别人,反而忽略了最重要的事—回到自己身上找。

如同这位迷路者,我们生来就具有一份内在的地图,指引我们离开忧虑和沮丧的黑森林。情绪性的恐惧是多余的,我们一定得靠自己的能力去解除自己心中的恐惧,不能随便听信他人,不要因为他自称知道解决的办法,就放弃自我明智的追寻,甚至委屈了自己。只要我们不断地努力追寻,甚至于“绝望”本身也能够帮助我们。正如保罗·泰利斯博士所指出的:“在每个令人怀疑的深坑里，虽然感到绝望，但是我们对真理追求的热情依旧存在。不要放弃自己而去依赖别人，纵使别人能解除你对真理的焦虑。不要因诱惑而导入一个不属于你自己的真理。”

所以，尽管生活中难免会遇到不如意的事，但只要善于把握自己并明白以下几点，是可以战胜困难的。

一、不要把忧虑和恐惧隐藏在心中

有些人忧虑与不安时，总是深藏在心间，不肯坦白地说出来。其实，这个办法是不对的。内心有忧虑和烦恼，应该尽量坦白出来，这不但可以给自己从心理上找出一条出路，也有助于恢复理智，把不必要的忧虑除去，同时找出消除忧虑、抵抗恐惧的方法。

二、不要因为恐惧而依赖别人

太多时候，我们之所以不敢去迎接更多的挑战，不敢去直面挫折，不能战胜我们原本可以战胜的困难，不能找到一个成功的突破口，是因为我们心中有太多不必要的恐惧。这些多余的恐惧让我们忙着去询问别人，去寻找心灵的安慰，以至于浪费了许多宝贵的时间与精力。所以，遇到困难时，先不要着急去询问别人，而是要冷静下来问自己要答案。

人生需要超越自我

斯蒂芬·柯维讲过一个故事：一个厨具推销员的年营业额从 3.4 万美元一下子升到 10.4 万美元，而他之所以有这样的成绩，是因为他学到了如何训练跳蚤。你知道如何训练跳蚤吗？这并非是一个玩笑问题，因为在你知道怎样去做之前，你无法变得更伟大。

在训练跳蚤时，你要把它们放在广口瓶中，用透明盖子盖上。跳蚤会跳起来，撞到盖子，而且是一再地撞到盖子。当你注视它们多次跳起来并撞到盖子后，你会发现一些有趣的事情：跳蚤会继续跳，但是不再跳到足以撞到盖子的高度。然后你拿掉盖子，虽然跳蚤还继续在跳，但绝对不会跳出广口瓶以外。理由很简单，它们已经调节了一个合适的高度使之不再撞到盖子，一旦确定，便不再改变。

人也一样，不少人准备写一本书，爬一座山，打破一项纪录或做出一些贡献。开始时，他们的梦想与野心毫无限制，但是在生活的道路上，并非一切都是那么随心所欲的,他们会好几次碰壁。这时候,他的朋友与同事可能会消极地批评他,结果他们就容易受到消极的影响,认为自己的目标“超越了自己的能力”。

如果一个人容易受消极的影响,那么他们只会给自己找失败的借口而不是成功的方法。但是那位厨具推销员却不是这样。他自己不但不容易受消极的影响,还摆脱了失败者的借口,并与此同时设定一个伟大的目标。

他的长期目标就是:打破纪录,成为世界上最好的厨具推销员。他也有短期目标:每个工作日都要卖出350美元的产品。这样便得到一个结果:一年内生意增加了3倍。就这样,他应用“跳蚤训练原理”,一举成为美国知名的演说家和销售训练员。

柯维指出,一位“跳蚤训练员”正是能跳出广口瓶束缚的人,因为他是受内心驱使而不是受种种消极因素的外在影响。

在生命中各方面保持成功的唯一方法,就是要成为一个有资格的“跳蚤训练员”,敢于超越自我。

挑战自己,打败心中的魔鬼

一个人在遇到挫折时会有两种心态:一种是,我一定能行,这点失败算什么!另一种是,算了,认输吧,再拼恐怕也躲不过失败的厄运。这两种心态一个是天使,一个是魔鬼,而且它们也都是你最真实的一面,重要的是你要小心不要被魔鬼打败。日本一个学习成绩实际优秀的青年,去报考一家大公司,结果名落孙山。这位青年得知这一消息后,深感绝望,顿生轻生之念,幸亏抢救及时,自杀未遂。不久传来消息,他的考试成绩实际名列榜首,之前落榜是因为统计考分时电脑出了差错,他已被公司录用了。但很快又传来消息,说他被公司解聘了,理由是一个人连如此小小的打击都承受不起,又怎么能在今后的岗位上有所成就呢?这个青年虽然在考分上击败了其他对手,可他没有打败自己心理上的敌人—惧怕失败。他对自己缺乏信心,遇事总是给自己制造心理上的紧张和压力。

在追求成功的道路上,我们发现一部分人失败了,而另一部分人却成功了。这其中的主要原因是:前者是被心中的魔鬼打败了,而后者却是打败了魔鬼成全了心中的天使。

美国有位叫凯丝·戴莱的女士，她有一副好嗓子，一心想当歌星，遗憾的是嘴巴太大，还有龅牙。她初次上台演唱时，努力用上嘴唇掩盖自己龅牙，自以为那是很有魅力的表情，殊不知却给别人留下了滑稽可笑的印象。有一位男听众很直率地告诉她："龅齿不必掩藏，应该尽情地张开嘴巴。观众看到你真实大方的表情，一定会喜欢你的。也许你所介意的龅牙，会为你带来好运呢！"一个歌唱演员在大庭广众之下暴露自己的缺陷，首先要用理智说服自己，其次还要有勇气打败心中那个有点凶悍且强大的魔鬼。凯丝·戴莱接受了这位男听众的忠告，不再为龅牙而烦恼，她尽情地张开嘴巴发挥自己的歌唱实力，终于成为美国影视界的大明星。

一个人要挑战自己，靠的不是投机取巧，也不是耍小聪明，而是信心。世界著名的游泳健将弗洛伦丝·查德威克，一次挑战从卡得林那岛游到加利福尼亚海湾。当在海水中泡了 16 小时，只剩下 1 海里时，她看见前面大雾茫茫，潜意识发出了"何时才能游到彼岸"的信号，她顿时感到浑身困乏，失去了创造纪录的信心。于是她被拉上小艇休息，失去了一次创造纪录的机会。事后，弗洛伦丝·查德威克才知道，她离成功的彼岸已经不远，阻碍她成功的不是大雾，而是她心中那个可怕的魔鬼，是她自己在大雾挡住视线之后，对创造新纪录失去了信心，然后才被魔鬼所俘虏。过了两个多月，弗洛伦丝·查德威克又一次重游加利福尼亚海湾，在她筋疲力尽时，她不停地对自己说："离彼岸越来越近了！"潜意识发出了"我这次一定能打破纪录！"的信号，浑身顿时又鼓足了劲。最后，弗洛伦丝·查德威克终于实现了目标，创造了新纪录。

人有了信心，就会产生意志力量。人与人之间、弱者与强者之间、成功与失败之间最大的差异就在于意志力量的差异。人一旦有了意志的力量，心中的那个天使就能战胜自身的各种弱点。一个人有了信心，有了意志的力量，就具备了敢于挑战自己和打败心中那个魔鬼的素质，就能做成世界上的任何事情。

人生最大的挑战就是挑战自己，其他的敌人都容易战胜，唯独自己是最难战胜的，唯独自己心中的那个阻碍我们成功的魔鬼是最难制服的。有位作家说得好："自己把自己说服了，是一种理智的胜利；自己被自己感动了，是一种心灵的升华；自己把自己征服了，是一种人生的成熟。大凡说服了、感动了、征服了自己的人,就有力量征服一切挫折、痛苦和不幸。”

偏激不可要

性格和情绪上的偏激,是人性中一个不可小觑的缺陷,也是我们实现自我超越的障碍。三国时代,那位汉寿亭侯关羽,过五关,斩六将,单刀赴会,水淹七军,是何等的英雄气概,可是他致命的弱点就是刚愎自用、固执偏激。当他受刘备重托留守荆州时,诸葛亮再三叮嘱他要“北拒曹操,南和孙权”,可是,当吴主孙权派人来见关羽,为儿子求婚时,关羽却大怒,喝道:“吾虎女焉肯嫁犬子乎!”总是看自己“一朵花”,看人家“豆腐渣”,说话不顾大局,不计后果,从而导致了吴蜀联盟的破裂,最后刀兵相见,关羽也落个败走麦城、被俘身亡的下场。本来嘛,人家来求婚,同意不同意全在你,怎能出口伤人,以自己的个人好恶和偏激情绪来对待关系全局的大事呢?假若关羽少一点偏激,不意气用事,那么,吴蜀联盟大概不会遭到破坏,荆州的归属可能就是另外一种局面。关羽不但看不起对手,也不把同僚放在眼里。名将马超来降,刘备封其为平西将军。远在荆州的关羽对此大为不满,特地给诸葛亮去信,责问说:“马超能比得上谁?”老将黄忠被封为后将军,关羽又当众宣称:“大丈夫终不与老兵同列!”目空一切,气量狭小,盛气凌人,对大将尚如此,那么其他的人就更不在他眼里了。一些受过他蔑视或侮辱的将领对他既怕又恨,以致当他陷入绝境时,无人援救,促使他迅速走向败亡。

现实生活中,凡不能正确地对待别人的人,就一定不能正确地对待自己。某些人见到别人做出成绩,出了名,就认为那没有什么了不起,甚至千方百计地诋毁、贬损别人;见到别人不如自己,就冷嘲热讽,借压低别人来抬高自己,处处要求别人尊重自己,而自己却不去尊重别人。在处理重大问题上,这些人意气用事,我行我素,主观武断。在工作上,他们成事不足,败事有余。在社会上,他们也很难与别人和睦相处。

偏激的人看问题总是戴着有色眼镜,以偏概全,固执己见,对他人善意的规劝和平等商讨一概不听不理。偏激的人怨天尤人,牢骚太盛,成天抱怨生不逢时,怀才不遇,只问别人给自己提供了什么,从不想自己为别人贡献了什么。偏激的人缺少朋友。人们交朋友喜欢“同声相应,意气相投”,都喜欢结交饱学而又谦和的人,那些老是以为自己比对方高明,开口就梗着脖子和人家抬杠,明明无理也要搅三分的主儿,谁愿和他打交道?所以偏激的人大多人缘很差。

性格和情绪上的偏激是一种心理疾病。它源于知识上的极端贫乏、见识上的孤陋寡闻、社交上的自我封闭、思维上的主观唯心主义,等等。对此,只有对症下药,丰富自己的知识,增长自己的阅历,多参加有益的社交活动,同时,掌握正确的思想和方法,才能有效地克服这种“一叶障目”的偏激心理。

一个人有主见,有头脑,不随人俯仰,不与世沉浮等等无疑都是值得称道的好品质。但是,这还要以不固执己见、不偏激执拗为前提。无论是做人还是处世,头脑里都应当多一点辩证的观点。死守一隅,坐井观天,把自己的偏见当成真理而至死不悟,是做人与处世的大忌。如果不认真纠正这种“关羽遗风”,就很有可能会使自己误入人生的“麦城”而无法回头。

摒弃嫉妒,超越自我

你的一位同学获得了哈佛大学的奖学金，即将出国，你是禁不住赞道:“真棒!”还是心里酸酸地说:“咳,傻小子有傻福呗……”

你的一位同科室的女孩,嫁了一位老美,就要随夫定居国外。你是衷心祝福她,还是在背后撇嘴道:“就她那长相,也就傻老外能看上……”

某天,你听人谈起某位过去在单位不得志的同事下海后发了,现在有了自己的公司,你的第一反应是高兴,还是来一句:“没准儿发的是不义之财……”

和你同时参加工作的某君,现在已是处长了。每次他见了你,都会热情地打招呼。你是同样大方自然呢,还是在心里暗自说道:“不就是当了个破官儿嘛,看那假惺惺的样子……”

如果你的表现是后者,那你就是妒忌了。而妒忌,用著名诗人艾青的话来说,就是“心灵上的肿瘤”。你如果不警惕、不痛下决心把它“割掉”,它就会“像锈蚀铁那样,以自身的气质腐蚀自己”(安提斯德内《片段》)。

妒忌作为人性的弱点,几乎谁都会有那么一点。它是人性中残存的动物性的一面。据研究者说,许多动物都有嫉妒的本性,一只狼会把比它多抢了猎物的同类咬死。据中国杂技团驯兽员夏世华讲，一只叫“红红”的小狗看到驯兽员和一只叫“丽丽”的小狗接触较多，竟然嫉妒地把“丽丽”咬死了。我们虽早已进化成了人，但这个“动物性”却似乎与生俱来。当我们还是孩子时，我们就会对父母表现出的对弟弟妹妹们的“偏心”而心生不快，也会因他们比自己多吃了一口蛋糕或新穿了一件衣服而生气甚至哭闹。

虽然妒忌是人普遍的，也可以说是天生的缺点，但我们绝不可因此而忽视它的危害性。趁着它还只是我们心灵里的小小“肿瘤”，我们就要赶快诊治它，以免它发展下去，变成恶性“癌”。

日本学者诧摩武俊在《嫉妒心理学》一书中说：“所谓嫉妒，就是自己以外的人占了比自己优越的地位，或者是自己所宝贵的东西被别人夺取或将被夺取的时候所产生的感情。”“这种感情是一种极欲排除别人优越的地位或想破坏别人优越的状态，含有憎恨的非常激烈的感情。有了这样激烈的感情，而不一定立刻显现于表面，这就是嫉妒。在引发事端的场合，反而是冰山一角。许多嫉妒都是深藏在人们的心中的，使其功能发酵，以歪曲的形态爆发出来。”让我们看个历史上关于嫉妒的故事。

春秋时，郑庄公欲伐许国，五月阅兵，发排兵车。老将颍考叔抢先争得了兵车，驾车跑开。年轻将军公孙子都没有追上，便心生恨意。七月，郑军攻打许国都城，颍考叔历来奋勇争先，登上城头。公孙子都于城下妒其得功，便悄悄搭弓射箭，颍考叔毫无防备，结果中箭后倒地身亡。正如一位西方人所说：“嫉妒是来自地狱的一块嘶嘶作响的烧红的煤。”正是嫉妒，使本可以年轻有为的将军做出了害人也害己的蠢举。

妒忌是一种消极的、不良的病态心理，我们不要小觑它的危害性。它平时深藏在我们心中，使我们备受精神折磨，生理上常常也会引起内分泌紊乱、肠胃功能失调、神经衰弱、腰痛、背痛等疾病。但丁说：“嫉妒只会拉动风箱扇起你的叹息。”美国剧作家佩恩说：“嫉妒者对别人是烦恼，对他们自己却是折磨。”《三国演义》里的东吴大都督周瑜嫉妒诸葛亮之才，千方百计要害死他，结果反落得自己被活活气死，临死时还仰天长叹：“既生瑜，何生亮？”我们难道也要让嫉妒的心理时时折磨自己吗？

嫉妒这种不良情绪积压得多了，往往会因为一个偶然因素或特定场合，“以歪曲的形态爆发出来”。公孙子都暗箭伤人就是例子。留美学生卢刚开枪杀害自己的美国导师和中国同学，也是强烈的嫉妒心使他丧失了理智。爱默生说："凡是受过教育的人最终都会相信，嫉妒是一种无知的表现。"

嫉妒的人并不是对所有比他强的人都嫉妒，对于一些资历和水平确实比他高的人，他并不一定嫉妒。他所嫉妒的对象，大多是同学、同事、同龄人，因为他认为他们之间应该平起平坐。如果不是这样，那就会对他在心理上产生一种刺激，痛苦、愤怒的情绪也就会随之而来。正如培根所说的："人可以允许一个陌生人的发迹，却绝不能原谅一个身边人的上升。"日本诧摩武俊也说过："嫉妒能使亲密的好友翻脸，双方都会受到伤害。可以说，它是一种令人无可奈何的感情，象征着人性的软弱与丑恶的一面。"尽管我们都免不了会有嫉妒这个似乎"令人无可奈何的感情"，但只要我们真正认识到它对人对己的危害性，并进行自我的心理调整和控制，是可以慢慢克服它的。

明人陈继儒说，在江上行船，见到他人顺风扬帆，而自己逆风行驶，这时便对顺风者产生妒念，这只能是自寻烦恼。因为别人顺风是别人的事，和我有什么关系呢？我和别人的生活目标不同，我做我自己的事，实在不必去和别人攀比。

英国思想家培根也说过类似的话。他说，嫉妒"来自我与别人的比较，如果没有比较就没有嫉妒"，"消灭嫉妒心，最好的方法是表明自己的目的是在求事功，而不是求名声"。凡是"埋头沉入自己事业的人，是没有功夫去嫉妒别人的"。我们不要看到别人"顺风扬帆"的得意风光就忘了自己的目标，我们总不能为了也求这种风光而掉转自己的船头吧。

有嫉妒心的人，常有一种危机感，就是怕别人超过了自己，显出自己的落后和平庸。因此，他们常常盯着别人的缺点，对别人的长处不是视而不见就是故意诋毁。其实，这只能说明他们自己气量狭小。我们要有宽阔的胸怀、谦虚的态度，要像古人说的那样见贤思齐，虚心向别人学习，争取和别人一样有所建树，而不是去嫉妒别人。

克服嫉妒，还有很重要的一点，就是要跳出自我，与人为善。别人取得成功、获得了幸福、一帆风顺等等我们应该为他们高兴。哪怕自己并不成功，并不幸福，是"逆风行船"，也要衷心地祝贺别人，就像一首歌所唱的"只要你过得比我好……"

诧摩武俊说:“现代社会是竞争的社会、瓜葛的社会。而且,也意味着现代的人生活在嫉妒的温床中。”在这个充满竞争、机会和变化的时代,在我们身边,几乎天天都有成功的人、幸运的人、发财的人、创造奇迹的人。他们也许就是你原本瞧不起的同事,或者是你曾领导过的下属,你能始终保持平和的心态、宽容的心态、与人为善的心态而不妒忌吗?这的确是对我们每个人品格和修养的考验。

克服自卑,战胜自我

自卑是一个人对自己所做的事或自己的才华没有信心,或因过多地自我否定而产生的自惭情绪,是一种觉得自己不如他人的情感。

自卑的产生与自卑心理创伤,并非所有的人都有。因为心理创伤并不是完全起因于外部的刺激,还有其主观原因—性格。自卑感较强的人一般具有以下几种性格特征:小心、内向、孤独、偏执、完美主义。

需要指出的是,现代社会是个充满竞争的社会,“出人头地“的风气越来越盛行,这也是造成某些人自卑的重要原因。自卑感往往就在类似入学考试、录用面试、体育比赛等等比试优劣的场合中产生。

每个事业心极强的人,所要克服的最大敌人就是自卑。自卑感是人类在其成长过程中不可缺少的绊脚石,因为任何人的能力都会有所不足,因而也就容易产生自卑感;为了克服自卑,便会努力奋斗。

然而,自卑感并非都是如此激励人、使人奋发上进的。它更多的是阻碍人正常的发展,甚至使人在不幸中虚度一生。与此同时,长期被自卑感笼罩的人,不仅自己的心理活动会失去平衡,心理上的变化反过来又会影响生理变化,加重了人的自卑心理。因此,应该尽力解脱束缚自己的自卑绳索,打开自卑的枷锁。

在心理学上,克服自卑心理主要是通过补偿的方法。自卑心理的补偿有自觉与不自觉、积极与消极之分。比如,有的人明知自己没有多大本领,却故作姿态,借以弥补自己内心的空虚,显然,这样的补偿方法是不可取的。以下几种方式才是值得借鉴的:

一、当知道自己在某方面有缺陷、不如他人的时候,热爱生活并想成为生活强者的人,会懂得“以勤补拙”、“笨鸟先飞”的道理。而要做到这一点，自信心很重要。因为只有相信自己，对前途充满信心，并积极进取，才是消除自卑、取得成功的最有效的补偿方法。

二、一个人成功经验越多，他的期望值也就越高，自信心也就越强。可见，通过一次又一次微小的成功，可以使自信心得到增强。对于自卑的人来说，重要的是制定一个符合自身实际情况的目标，以增加成功的经验。可以由小、由少做起，确保首次努力的成功，形成良性循环。在遇到困境，感到自卑时，则可改做一件比较容易成功或者自己愿意、并有兴趣的活动或工作，以便增强信心，消除自卑。

三、俗话说“尺有所短，寸有所长”、“金无足赤，人无完人”。每个人都有长处与短处，因此，不能只看自己的短处不看自己的长处。积极的态度是扬长避短，以“长”补“短”。这一方面不行，也许另一方面你会比别人强。

四、多读些有关名人如何成功的书籍，尤其是那些曾被自卑感困扰的名人的事迹，从中获得克服困难的经验，进而鼓励自己增强自信、发挥所长、集中精力、矢志不渝地达成目标。这样，自卑心理也会不驱而散。

五、日本精神疗法研究所所长小林英夫提出一个方法，集中想想自己的长处，配合腹式呼吸就能充分运用潜能抑制自卑感。例如，想想小学时期那些令人高兴的赞美，就会拥有更多的自信。不要羞于承认自己的长处，以零为基点，不断去增添它。

人在考虑事情时，往往会有多方面的联想力，特别是看到某些具有纪念价值的物品，就会想到很多往事。例如，看到奖杯，就会想到自己当初获得胜利时的种种情形。而照片有着更强的记忆力量，它可以唤起往日的回忆。软弱消极的人可以随身带着自己最满意的照片，在情绪低落的时候，把它作为改善心情的恢复剂，特别是自己神采飞扬、意气风发或满脸春风、欢愉喜悦的照片，更能激励自己。当你想起自己原来也有着这么光彩美丽的时刻，便很快会找回自信心。

自卑的人总觉得自己事事不如人，因为他们很少有成功的感觉，更不知道自信是什么，只觉得所有的人和事都时时在给他出难题。

在20世纪50年代，北京的一家大医院同时来了两名患者，他们都是怀疑自己患了肺结核而到这里来检查的。很快，检查结果出来了。不幸的是，由于医生一时疏忽，把两张化验单给弄反了，只是由于感冒而咳嗽的人的化验单被填上了肺结核，另一个真正得了肺结核的却给填上了因感冒而导致呼吸道轻度感染。没想到两张给错的化验单却导致了不同的结局：两年以后，真正患肺结核的病人不治而愈，而那个没有肺结核的却因过度担忧而导致免疫力下降，最后真的感染上肺结核死了。

不要给自己设防

每个人心中都有一道坎儿，坎儿的高度是个很模糊的概念，只是大多数人热衷于或者是宁愿望着那道坎儿打发重复的时光，殊不知抬一下腿迈过去，就能领略到无限风光。举重项目之一的挺举，有一种"500 磅（约 227 公斤）瓶颈"的说法，也就是说，以人体的体力极限而言，500 磅是很难超越的瓶颈。巴雷里是 499 磅的纪录长久保持者，而在一次比赛时所用的杠铃，由于工作人员的失误，实际重量超过了 500 磅。这个消息发布之后，世界上有 6 位举重好手在一瞬间都举起了一直未能突破的 500 磅杠铃。

有一位撑竿跳的选手，怎么苦练都无法越过某一个高度。他失望地对教练说："我实在是跳不过去。"

教练问："你心里在想什么？"

他说："我一冲到起跳线时，看到那个高度，就觉得自己跳不过去。"

教练告诉他："你一定可以跳过去。把你的心从竿上摔过去，你的身体也一定会跟着过去。"

他撑起竿又跳了一次，果然跃过。

事实上，心中的那道莫测的坎儿只是自己心灵上的一个幻觉。你是不是也有过这种幻觉？

不要活在权威的阴影下

世界著名交响乐指挥家小泽征尔在一次欧洲指挥大赛的决赛中，按照评委会给他的乐谱在指挥演奏时，发现有不和谐的地方。他认为是乐队演奏错了，就停下来重新演奏，但仍不如意。这时，在场的作曲家和评委会的权威人士都郑重地说乐谱没有问题，那是小泽征尔的错觉。面对着一批音乐大师和权威人士，他思考再三，突然大吼一声："不，一定是乐谱错了！"话音刚落，评判台上立刻报以热烈的掌声。"

原来，这是评委们精心设计的圈套，以此来检验指挥家们在发现乐谱错误并遭到权威人士否定的情况下，能否坚持自己的正确判断。前两位参赛者虽然也发现了问题，但终因趋同权威而遭淘汰。小泽征尔则不然，因此，他在这次世界音乐指挥家大赛中摘取了桂冠。

没有智慧不行，没有勇气也不行。要实现自我的突破，取得举世瞩目的惊世骇人之举，不敢打破既有的局面和模式，不敢挑战权威，那你将一世无成。

学历不是唯一

1917 年，在台湾省台北县新店镇直潭里这个俗称“情人谷“的地方，诞生了一个名叫王永庆的婴儿。王永庆长大成人后，很快成为首屈一指的大企业家、超级富豪。

王永庆从小就在极其艰苦的环境中长大，经常过着三餐不继的日子。由于家境贫寒，王永庆只接受了小学教育。

但王永庆不愿屈服于命运的安排，他经常说：“我一生中没有请人看过相。因为，从前的命运怎样，自己已经晓得了；以后的命运怎样，是自己要打算的。我相信科学的东西。”他还说：“人生成功的关键，完全在于自己的努力。”他更说过：“运气，就是当机会来临时，你已做好准备。”

王永庆一生的成就，正是这些话的写照。他的前半生充满了坎坷，从 15 岁开始他外出闯天下，先后做过米店、砖窑、木板等方面的生意，但均告失败。直到 38 岁时，他设立了台湾塑胶工业股份有限公司，才开始真正发迹。

对于一般人来说，都认为成功必须靠知识才能获得。但王永庆认为，人的能力比知识还重要，而胆识则比能力更重要。他时常强调，学问贵在能实践。

王永庆曾经说过：“我很喜欢汽车大王福特说的一段话，他说：“我起初在农田里工作，以后我曾修理打谷机，后来又操作锯木机。”这句话对于他的成功有重大意义，打谷机虽然是构造很简单的机械，他不是学机械工程出身的，对机械并不内行，但经过修理打谷机的经验，他便得到粗浅的机械知识，如果他没有这一段经验，恐怕创造汽车的构想，就不会实现了。

在王永庆看来,“读书和工作都是教育”,然而,归根结底,“学历不能代表一切;经验磨炼出来的实力,才能培养出独立作战的能力,从而令你居于工作要职”。

自我反省,获益匪浅

一个人只有懂得时刻反省自己,才能不断进步。人是随着时间的推移而不断改变的,不仅形体如此,心智也是如此。10 年前你也许认为金钱万能,有了钱就是拥有了世界;5 年前你可能认为唯有事业成功,这一生才算是没有白过;现在呢? 或许你会觉得唯有心境愉快才是生命的最终意义。

不管这 10 年来的改变如何, 也不管这些改变是正面的还是负面的,你都得反省。因为至少你知道自己是个什么样的人,也会了解为什么会有这样的变化。

大多数人就是因为缺乏自省能力,不晓得自己这些年以来的转变,才会看不清楚自己的本质。而一个不晓得自身变化的人,就无法由过去的演变经验来思考自己的未来,也就只能过一天算一天。

再者,我们的一切作为都和环境息息相关,过去的变化以及未来的动向都是和环境互动的结果。要是不能以正确的看法来解读外在环境的话,当然也无从定位自身所处的立场。

如果能随时反省自己过去的转变, 就可以找出以往看待事物的观点是对还是错。若是正确,则往后当然可以继续以此眼光去面对这个世界;万一是错的,也可以加以修正。如此,则可以帮助你在将来以正确的观点去看待周遭的事物。

当然,自省不是要你一味地沉浸在往日的失意里,悲叹生命的不公,自省中你必须保持乐观的情绪。你在工作中因一时疏忽而挨了领导的批评, 上班时发现自行车的气门芯被人拔掉……人生中常有些让人心烦的琐事,所以,自省最关键的是要善于调整心态。俗话说,“笑一笑,十年少”,积极乐观的心态不仅能使你保持青春活力,还将有助于增强机体免疫力,使你免受疾病的侵袭。

时刻自省能让你坦然面对现实。在快节奏的都市生活中,人们会面临种种压力,勇敢地面对现实,把压力当作是一种挑战将更有利于身心的健康。

时刻自省能帮你抛弃怨恨，学会原谅。怀有怨恨心理的人情绪波动较大，不是整天抱怨，就是后悔；不是对人怀有敌意，就是自暴自弃，这样容易患心理疾病。所以，平时应学会抛弃怨恨，要原谅别人，更要原谅自己。

自省中你要善于宣泄感情。不善于用语言来表达自己的忧伤或难过等感情的人容易患病，而压抑愤怒对机体也同样有害，更不能用酗酒、纵欲等不健康的生活方式来逃避现实。伤心的话痛哭一场，或与知心朋友谈谈心，或参加程度剧烈的体育运动，然后，你就会感到心情舒畅，这就是宣泄感情的意义。

时刻反省会让你拥有更多的爱心。拥有爱心不仅会使世界变得更美好，而且会更有助于自己的身心健康。拥有爱心、乐于助人还可使你广交朋友，这不仅是人生的一大乐事，还会使人更长寿。

破釜沉舟方为强

断绝你所有可能的退路，才能够让自己无后顾之忧，无牵无挂，一门心思、全力以赴地去追求成功。恺撒在尚未掌权之前，是一位出色的军事将领。有一次，他奉命率领舰队前去征服英伦诸岛。

他在出发前检阅舰队时，才发现一个严重的问题：随船远征的军队人数少得可怜，而且武器装备也残破不堪，以这样的军力征服骁勇善战的盎格鲁撒克逊人，无异于以卵击石。

但恺撒当下还是决定启程，驶向英伦诸岛。舰队到达目的地，恺撒等候所有兵士悉数下船后，他计上心来，立即命令亲信部属一把火将所有战舰烧毁。同时他召集全体战士训话，明确地告诉他们，战船已经烧毁，所以大伙儿只有两种选择：一是勉强应战，如果打不过勇猛的敌人，后退无路，只得被赶入海中喂鱼。另一条路是，不管军力、武器、补给的不足，奋勇向前，攻下该岛，则人人皆有活命的机会。

士兵们人人抱定必战且必胜的决心，终于攻克强敌，而恺撒也因为这次成功的战役奠定下了日后掌权的基础。

在中国古代也有类似的故事。“破釜沉舟“的确是最能激励人心的方式之一。

大多数成功人士之所以成功，都由于他能够专心致志于他所努力和欲成就的目标上。为了成功,他能舍弃一切与他目标不相关的事物,眼光只锁定他的目标。

这股强烈的成功意志,对一般人而言,似乎难以具备。故而,我们不妨学习恺撒大帝火烧战船断绝后路的方式,来激励自我做到全力以赴。

你可将纷乱的思绪暂时放下，静心省思有哪些事物阻碍在你通往成功的路上？当看清所有阻碍你成功的事物,诸如拖延、怠惰、消极意识等等,接着你必须有个坚定的决心,先除去所有的障碍物,然后再断绝你所有可退的路。唯有如此,才能够保证你渴望追求成功的愿望如同求生的本能一般迫切而强烈,而这种强烈愿望将引导你走向成功。

如果确知自己完全无路可退，再怯懦的人也能立刻成为最英勇的战士。那么,如果你是一个胸怀大志之人,请你不要再犹豫,破釜沉舟才能成为强者。

知耻而后勇

每个人的一生之中总会有宠和辱。辱便是侮辱、耻辱,也可以理解为落魄。对待"辱",君子与小人的处境虽然相类似,但他们的态度却截然不同:君子坦荡,泰然处之;小人气馁,恹然沉沦。一个人如有君子的胸怀 --受辱心不惊,就能在恶劣的环境中保持正直的品行,即使遇到挫折、受到打击也会心境开阔,沉着应对。

人世多磨难,但无须害怕。有志之士绝不会在困厄、忍辱中忧心忡忡、动摇信心。他们深深懂得,环境越艰苦,条件越恶劣,就越能磨炼人的忍耐力,越能造就战胜困难的强者。正像孟子所说:"天将降大任于斯人也,必先苦其心志,劳其筋骨,饿其体肤,空乏其身,行拂乱其所为,所以动心忍性,增益其所不能也。"我们都知道汉代史学家、文学家司马迁忍辱发愤完成了巨著《史记》,并由此知道,受辱之时不改志,就会有东山再起的机会,最终会创造辉煌。而要做到这一点,首先要有一种"心底无私天地宽"的博大胸怀。只有你看清了,想通了,才能实现主观上的自我解放、自我超脱,才能显示出人生的真正意义。

受辱心不惊,是一种"知耻"后的行事原则。然而有知耻者,便有不知耻者，这样就出现了两种截然不同的态度：有人由知耻、忍耻到雪耻，如越王勾践卧薪尝胆，复国雪耻；也有人受辱却不知耻，即是人们常说的厚颜无耻或恬不知耻，如“乐不思蜀”的蜀后主刘禅就是个“无耻之徒”。孟子曰：“人不可以无耻，无耻之耻，无耻也。”这就是说，一个人不可以无廉耻之心，不知道耻辱的耻辱，才是真正的耻辱。

耻辱有大小之分、轻重之别：小而轻的耻辱，如与人争吵、白白挨骂、遭人批评、受人议论，对于这些应吸取教训，决心改正，努力做出成绩以雪耻。大耻辱如《史记·淮阴侯列传》记载，韩信的“胯下之辱”，但这种奇耻大辱不但没有阻碍他建功立业，反而奠定了他忍辱负重的思想基础，应了“大丈夫能屈能伸”这句话。

“知耻近乎勇”，把自己所受的耻辱变为鞭策自己前进的动力，就是能知耻而后勇的人。同样，“卧薪尝胆”对后人之所以能具有教育和鼓舞作用，最主要的原因也是“知耻后勇”。一般说来，一个人或一个国家从知耻到雪耻，必然有一段历史距离。大多数受辱者，皆因当时的力量或境遇处于劣势，在与人斗争中或力量悬殊、寡不敌众，或天不时地不利人不和，而致使自己被人打败或欺凌，不能立即雪耻。但只要能做到“受辱心不惊”，将耻辱强忍吞下，铭记在心，经过养精蓄锐，是可以洗雪旧耻的，正所谓“君子报仇，十年不晚”，就是这个道理。当然，并不是所有的“仇”或“耻”都非“报”不可。

身受耻辱，却意志坚强、胸怀宽广、志向高远者，必得胜利。

以琴作秀，出名有术

前不见古人，
后不见来者。
念天地之悠悠，
独怆然而涕下！

我们不能否认这是一首好诗，但古时候，传媒业极不发达，好诗如何出名也是一大难事，在这方面我们不妨学一学陈子昂。

唐代著名诗人陈子昂是四川射洪县人，曾经一度默默无闻。为了能出人头地，他跋山涉水来到京都长安，可一住十年，依然没人赏识。

一次，长安东市来了一个卖胡琴的。他卖的胡琴通体晶莹玉润，琴音优美，可称绕梁三日。此琴开价100万钱，每天都有不少富商显贵前来观看，但却无人购买。长安城把此事已经吵嚷得沸沸扬扬。

有一天，陈子昂从人群中走出来，对卖琴人说："此琴我买了。"围观的人都非常惊讶，"这是谁呀？好大的口气！"你买它干什么呀？"

陈子昂冲众人施礼一笑："在下四川陈子昂，擅长拉胡琴。"

"好啊，那你就当众给我们拉一曲吧。"众人说。

"明天吧。我住在宣阳里，明天备好酒菜，恭候长安的各界名流前来指教！"

第二天，陈子昂住处门庭若市、熙熙攘攘，一百多位长安名流贤士聚集一堂。

待大家酒足饭饱之后，陈子昂抄起桌上的胡琴，猛地扔出很远，摔了个粉碎。众人大惊，忙问何故。陈子昂起身对大家说："我陈子昂著文赋诗已有累年，积有作品一百多件。远道来京，没料到一直未被人赏识，非常郁闷，怎么会热衷拉胡琴呢？"然后他拿出自己的作品分送给大家。一天之内，陈子昂就在长安城名声大噪。

当然，陈子昂这种挖空心思提高自己知名度的做法未必值得肯定，但他用别出心裁的迂回策略达到了目的的做法，却值得我们借鉴。

一马平川的坦途是人们所希望和祈求的，然而世上又哪有那么多阳关大道任我们驰骋？一位曾靠白手起家的成功人士说，他小时候是个搬运工，拉货上坡时，看一口气上不去，他就走"之"字形，在换方向时松口气，等力气稍稍恢复后再往上走，最终也能上去。这就是聪明人的路啊！

要像蟑螂一样坚韧

在北京，每年都要搞一次全市的灭蟑螂运动。没有人喜欢蟑螂，因为它长相奇丑，生命力极强，到处都有，打了一只，待会儿又出来一只，有缝就钻，有洞就躲，一般的杀虫剂也奈它无何。

最近在阅读了一本有关昆虫的书之后，我对蟑螂的印象有了一些改变。

据研究，蟑螂和恐龙是同时期的昆虫，可是恐龙早已死光了，蟑螂却仍在地球上存活，并且大量繁衍。那篇文章还说，蟑螂可以在最恶劣的环境中生存，只要有那么一小滴水，它就可以活下来。蟑螂的这种生存能力是自然演化的结果。自从读了那本书后，我对蟑螂就多了一些“尊敬”。我常想，人如果也有蟑螂的韧性，还有什么样的日子不能过，还有什么样的苦不能吃呢？

人在一生当中绝对会有不如意的时候，这些不如意有很多种，如生意失败、失恋、人事斗争落败、被羞辱、工作不顺、家道中落等等。而依各人承受程度的不同，这些不如意也会对每个人形成不同的压力与打击。有人根本不在乎，认为这只是人生中必然会碰到的事；有人则很快就可以挣脱沮丧，重新出发，但也有些人只要被轻轻一击就倒地不起。

不管你遭到的不如意程度如何，当你在主观感受上已到了沮丧、消极、痛苦甚至几乎要毁灭的地步之时，不妨想想蟑螂，你应该像蟑螂一样地活着。

蟑螂是墙缝里可活、壁橱里可活、阴沟里也可活的昆虫。当你遇到不如意时，无论是客观环境造成的还是人为的，不就有如在墙缝里、壁橱里、阴沟里一样吗？如果你因为过着这样阴暗潮湿、充满脏臭与羞辱的日子而灰心丧志，失去活下去的勇气，那么你连一只蟑螂都不如。恐龙已经绝迹，蟑螂却仍在世上猖狂，只因它活下来了。所以你也要在最黑暗、最卑贱、最痛苦的时刻，屈辱地活下来，像蟑螂那般地活下来。

也就是说，在这种时候，你不要去计较面子、身份、地位，也不要急着出头，这种日子很容易让人沉不住气，但只要沉得住气，只要“存在“，就有希望，就有机会。这不是安慰你，而是事实本就如此。你看看，恐龙如今安在

如果人能像蟑螂一样地活着，必然会有一些收获：重新出头的那一天，你会得到更多的尊敬，因为人虽然屈服于强者之下，但打不死的勇者却有更强的号召力和感染力。

有过蟑螂般的生活经验，便不怕他日横逆之来。换句话说，那时你对不如意的事更能坦然面对，能屈能伸。阴暗的日子能过，风雨的日子能过，人到了这种地步，还有什么事能难倒他呢？所以，不要做恐龙横行一时，要学蟑螂存活无限。

利用你的自卑感

从前有个人，相貌极丑，走在街上行人都要回头对他多看一眼。他从不修边幅，极不在乎衣着，总是窄窄的黑裤子，伞套似的上衣，加上高顶窄边的大礼帽，仿佛要故意衬托出他那瘦长条似的个子，走路姿势也很难看，双手晃来荡去。

他是小地方的人，但直到身任高职，举止却仍是老样子，仍然不穿外衣就去开门，不戴手套就去歌剧院，总是讲不得体的笑话，往往在公众场合忽然忧郁起来，不言不语。无论是在法院、讲坛还是在国会、农庄，甚至在他自己家里，他都处处显得不得其所。

他不但出身贫贱，而且身世蒙羞—母亲是私生女。他一生都对这些劣势非常敏感。没人出身比他更低，但也没人比他升得更高。这个人就是美国总统林肯。

一个人有这么大的弱点而不去补偿，难道也能获得林肯那样的成就吗？

原来，林肯并不是用每一个长处去抵每一个短处以求补偿的，而是凭着伟大的睿智与情操，使自己凌驾于一切短处之上，置身于更高的境界。他只在教育方面直接补偿自己的不足。通过拼命自修来克服早期的障碍。他曾经非常孤陋寡闻，在20岁以前他都说地球是扁的。他在烛光、灯光和火光前读书，读得眼球在眼眶里越陷越深。眼看知识无涯而自己所知有限，林肯总是觉得沮丧。他填写国会议员履历，在教育项下填的是："有缺点。"

他的一生就是对一切他所缺乏的全面补偿。他不求名利地位，不求爱情和婚姻美满，集中精力只求达到更高的目标。他渴望把他的独特思想与崇高人格里的一切优点奉献出来，造福人类。

可是，常人必须选择可以达到的目标，不可好高骛远，妄自追求达不到的目标。

现在要讨论的问题是：假定你有自卑感，让你加以利用，转弱为强，你办得到吗？

不错，这并不容易办到。但是真的办不到吗？就人过去的经验来说，并非如此。有很多伟人的一生就是一部奋斗史，显示出借补偿作用而获得成就的可能性有多大。读达尔文、济慈、康德、拜伦、培根、亚里士多德的传记，就会明白，他们的品格和一生，都是个人缺陷形成的。亚历山大、拿破仑、纳尔逊，是因为生来身材矮小，所以立志要在军事上获得辉煌成就；苏格拉底、伏尔泰，是因为自惭奇丑，所以在思想上痛下工夫而大放光芒。唯一的阻碍不是我们不能改变自己，也不是改变困难，而是我们不要改变。

现在就是开始的时候了，明白了这个窍门，你便可以过大好的新生活。你不再会让自卑感作祟而使自己觉得难堪，你会决心像成功快乐的人那样，好好地发挥自卑感的作用。虽然起初不太有把握，可是你渐渐就会发现你自己不再受它的驱使，而是在利用它，并开始过上更多彩、更丰富的生活。

实现突破需要"心计"

如果你以为那些成功的人，一定都是绝顶聪明的人，那你就错了。事实上，有一个伟大的秘密是，只要你比别人多点"心计"，抓住一闪而过的机会，那么成功就会属于你。今天人人称羡的发明家、企业家与一般人最不同的地方就在于他们都是非常有"心计"的人，懂得积极掌握和利用机会，从而让他们的人生和事业获得跳跃式的发展。

1972 年，美国民主党大会提名麦高文竞选总统，对手是尼克松。但是在这次大会中，麦高文宣布放弃他的竞选伙伴—参议员伊高顿。

一个 16 岁的年轻人看到这个机会，立刻以每个 5 美分的成本，买下了全场 5000 个已经没用的麦高文和伊高顿的竞选徽章及贴纸。然后，他以"稀有的政治纪念品"为名，以每个 25 美分的价格出售这些产品。

这个年轻人成功的因素在于他眼光非常敏锐，能够迅速把握住机会。这次行动虽然没有造成产业的突破性发展，然而，就是这样的"心计"，使得这个年轻人日后能看到其他人没有看到的机会。这个年轻人就是今天全球的首富、创立微软的比尔·盖茨。

事实上，很多影响人类生活的发明，例如微波炉、圆珠笔等产品，都不是专业人士的杰作，而是一些普通人的神来之笔。这些发明使得人类的生活发生了极大的变化，更使发明者成为人人羡慕的创业家。这些人与一般人不同之处在于他们勤于思考且富有“心计”，孜孜不倦地在人生及事业上追求突破，终于获得了辉煌的成就。

亚伯拉罕在《突破现状，创新思考》一书中指出，要在事业生涯上创造突破，秘诀是更聪明地做事，而且更努力地工作。要更聪明地做事，就要学会运用更多的“心计”去思考，并且努力实践这些想法，才能创造突破。

很多人以为成功是一小步一小步慢慢累积来的，其实这是错误的观念。但大多数人深受这个观念的影响，将它应用在生活和工作上，为每天一点点的进步而高兴。事实上，它很可能是扼杀了你成功的因素。

这个观念让你为了工作不断努力，总以为自己做得还不够。然而，你有没有想过，如果只是循着前人的模式前进，那些伟大的产业领导人怎么可能成为领先者？一小步一小步地做，或许是最安全的方式，但反过来想，为什么不跳过那些阶梯，创造跳跃式的突破？

一般人总以为跳跃是危险的，但事实上，跳跃也可以是安全而快速的。要创造跳跃式的突破，首先要舍弃目前惯有的商业模式，找寻周围被忽略的机会，并且学习其他产业创新的经营模式及方法。观察其他产业的经营模式之后，或许你会很惊讶地发现，很多原则应用到你的产业同样适合。最后，你将发现，花同样的时间、人力及资本，却可以达到更好的结果。

例如，大多数人都对麦当劳的创立人克罗克的名字耳熟能详，但实际上，克罗克并不是最先创立麦当劳的人。麦当劳最先是由麦当劳兄弟所创立的，但是他们未能预见到麦当劳的发展潜力，因此他们将麦当劳的观念、品牌以及汉堡等产品卖给了从事销售工作的克罗克，让他继续经营。

克罗克以独特的行销策略将麦当劳发扬光大，变成了今天规模数十亿美元的庞大企业。克罗克抓住了麦当劳兄弟原先忽略的机会，改变原有的经营模式，因而创造了自己事业生涯的突破。

机遇是腾飞的翅膀

机遇是腾飞的翅膀。抓住机遇，你才能插上腾飞的翅膀，飞向事业的高峰。要获得成功，并非必须具备很高的智商，天分不是关键。很有才干的人也并非一定能够成功，因为天生的才能不能保证一个人一定能获得成功。

不知你是否曾注意过马路边长出的小树苗？是否曾想过，这样一个小东西怎么能冲破坚硬的路基而长了出来，而且在那么恶劣的条件下还活着？成功者就像马路边上长出的小树，他们在艰难困苦的奋斗过程中，学会了培养“冲破阻碍”的能力，他们是靠勤奋工作和不断尝试才取得成功的。

当然，在成功的道路上，天赋、勤奋、毅力和方法非常重要，但机遇也必不可少。再好的种子，如果落在沙漠上，也是很难发芽成长的。

一个人能否有所成就，往往与是否得到良师指导、知音赏识、伯乐提携等机遇大有关系，仅靠勤奋是不够的，还要有发现机会并抓住机会的能力，只有抓住机遇，才有可能腾飞。但是，和天资、禀赋一样，机遇毕竟也只能提供一个机缘、一个条件、一种可能。这种机缘要变成现实，还要通过自己的艰苦努力。因为努力奋斗不仅可以充分利用机会，还可以为自己抓住机会，创造机会。

生活中处处都有机会，只要你处处留心并善于抓住它，你就有希望获得成功，实现自我的超越。莎士比亚曾经写道：“人间万物都有一个涨潮的时刻，如果把握住潮头，就会领你走向好运。”那么，如何抓住机遇，插上腾飞的翅膀呢？下面几点经验可供借鉴：

一、要有强烈的成功的欲望。愿望是成功的一半。对目标追求的愿望愈强烈，你的行动就愈坚定，美国画家查理·巴索帝是个很好的例子。

查理在得克萨斯州度过了他的童年时光。他从小就画卡通画，向往着将来能成为一名职业卡通画家。但长大后，他却发现这似乎并不是理想中的职业。于是，他就到一所专为调皮捣蛋儿童设立的学校里当了一名教师。在这所学校里，他的画成了那些顽童的宠物。

校长很看重查理的画，为他提供了去纽约的经费，使他得以在那些杂志编辑面前展示他的画。查理原先的欲望又重新萌发了，并且更加强烈，这种强烈的愿望又驱使他辞职回家，潜心提高自己的绘画技术。如今，他的卡通画已经频频出现在众所周知的画刊、杂志上，如《纽约人》、《今日美国》等。

人生在世，总会有成功的机会，但是大多数人都没有成功，因为他们不愿付出代价。他们有能力，但缺乏成功的愿望。实际上，成功的愿望仅仅是观念的一部分。如果你具备了这一品质，培养起成功的愿望，形成了成功的观念，你就可能无所不能，最终成为一个胜利者！

二、要自信。运气好的人一般都是自信的，相信自己什么都能行。胆小怕事的人往往觉得运气不好，幸运能使人产生勇气，勇气又会帮助你得到好运。

一个曾为自己是文盲而感到非常痛苦和自卑的妇女，在她女儿出生以后，这种自卑感更强烈："作为母亲，我还能为自己的孩子做些什么？"

有一次，她在电视上看到有关当地举办识字班的通知，刚开始她不敢去报名，最后还是克服害怕在公众面前出丑的羞怯心理，用颤抖的手拨通了报名电话。经过一年的学习，她说："我简直不敢相信，现在我已经能为女儿读故事书了，也再不会为邮件的到来而感到束手无策了。"

三、永远不要说"为时太晚"。辛迪是一家公司的兼职雇员，干得不错。后来，丈夫同她一起从事这一工作。然而不幸降临：女儿染上重疾、房子起火、许多同事退职、工作经常处于停滞状态。他们把两辆轿车卖掉了，钱也花得一干二净，情况越来越糟。

祸不单行的是，辛迪的婆婆又突然生病。对已45岁的辛迪来说，一切从头开始似乎太难。可辛迪并不认为自己老了，而是坚信一切都还来得及。在这种信念的支持下，她重新振作起来与丈夫商量对策：由她继续从商，丈夫到外面去工作。他们勤勤恳恳地工作，终于等到时机到来熬过难关。现在，辛迪已成为某一知名公司的总经理。她的成功经验就是：从现在开始，一切都还来得及，永远不要认为已经太晚了。

有了上述准备，当机会降临时，相信你会果敢行动，抓住机遇，踏上成功之路。

争做第一等人

有句俗话说："人往高处走，水往低处流。"顾名思义，一个人活在世上，就应该具有奋斗精神。不甘人下，敢于直面人生和现实并努力拼搏的人，才能登上成功的巅峰，否则将像水一样流入低谷，使自己的生命埋没于平凡之中。

在单位里不敢超越上司的你，只会永远平庸。本领甘愿在师父之下的徒弟，永远做不出的骇世惊俗的超越。

然而如何才能超越上司呢？以下几点值得参考：

一、接近上司，取得上司的信赖。

小丁硕士毕业，在英语和计算机方面都有一定的造诣，分到总公司机关，雄心勃勃的他在这个学历皆高而又充满懒散作风的天地里难以一下子露出“小荷尖尖角”。

他暗下决心：再慵懒的单位也需要能干的职员，一定要凭自己的努力和踏实赢得了上司的信赖。

家在郊县、离机关60多里的他，每天都坚持早上6点出发，晚上5点多下班，一年来风雨无阻，从不旷班迟到。能如此认真踏实却又无怨无悔的他令上司大为赞赏：“这是一个坚忍不拔、务实的干将。”上司当着大家的面拍着小丁的肩膀说：“我们要很快为小丁解决一套住房！”小丁的坚毅和持之以恒终于博得了上司的信赖。

二、让上司了解和看重你的才干。

一颗珍珠埋在淤泥中是永远发不出七彩的光芒的，那些默默无闻、任劳任怨的人也是很难引起上司的注意和重视的。

这个社会是个快速变化的社会，生活需要快节奏，工作也需要高效率，慢腾腾地像老黄牛一样的拉车，能使公司有多快的发展呢？

上司的业绩在于使公司具有高效率、高效益。他怎能不看重下属的聪明才干呢？只要有才干，你就尽可能发挥，并多同上司接近，让上司了解你的才干。

上司给小丁任务，他总能很快地顺利完成。之后，他并不同其他人那样去随意摆弄物件，消磨时光，而总是特意向上司要任务：“还有什么要我做的吗？”

向上司要任务，使上司难以找到足够的任务给你做，上司时时感受到这种“压力”，怎能不注意和欣赏你这个充满工作热情又聪明能干的骄将呢？

至此，你取得了信赖又大受上司赏识，已具备超越上司的基础，这也是你走出超越上司的第一步。

三、要敢于超越上司。

要想超越上司，你在内心必须敢于超越，必须树立能够超越上司的自信。大凡一个上司之所以能为上司，必定具有某些能耐和经验。他经过多少年的跌打滚爬，才得以具备应付问题的能力，而他在拥有权力和威严的同时也给人以难以超越的威慑力。

然而，圣人也是有缺点的。你不必因为上司的淫威而觉得内心怯弱，何况上司的成功也是经过长期的苦干而获得的，你要相信自己假以时日也会取得这样的成就。

要建立自信，就需要在内心摆脱上司的影子。你不妨将上司的优缺点并与自己的优缺点对照，你会发现，上司某些方面的能力可能远不如你，甚至有些方面他做得很糟糕，他之所以位于你之上，是因为他先于你进入公司，先你学到了某些东西。这样，年轻的你在上司面前又有什么可以自卑的呢？

四、使上司在工作中必须依赖你。

有一个董事长曾说过："现在的薪水职员只是对自己所分派到的工作努力，很少去注意其他事，尤其是很少从整体方面考虑自己所承担的部分工作，所以这种人也只能做一个薪水职员。"

显然，要想超越上司，除了做好自己的本职工作令上司器重、信赖你以外，还需要使他在其他方面依赖你，即从整体出发，帮助上司解决问题，或掩饰他的失误和缺陷，如此，上司在内心里不会不对你产生敬意和依赖的。

你应该想象自己站在上司的位置或比他高的位置上来考虑问题，向上司和公司提出建议。谦恭的你提出了这样好的建议，上司一定会采纳和看重你。

五、保持你对上司的尊重，使上司能够对你放心。

你要超越上司，会使上司感到压迫感。如果你的上司是一个开明的领导，他会因为有你这样的部属而欣慰。因为公司总是需要一个更有能力的接班人，而这个接班人是自己培养的，他又怎能不甘作人梯、喜作伯乐呢？你的谦卑更会使他愿意提拔你。

但如果你的上司是一个嫉妒心很强的人，那他就有可能成为你的恶友，对你发挥"恶"的本性。你应早了解他的为人、他的优点和缺点。心怀超越雄心的你，为什么不努力做到喜怒不形于色，默默地培养能力和积蓄力量？

保持对上司的尊重是很有必要的，这一点决定你是否能够最终实现超越。小丁在这方面是非常出色的。虽然他处理事务的能力和与人交往相处的本领已大大超过了上司，然而他从没表现出对上司的藐视，而是更为谦恭了。上司知道他是不可能永远居于上位的,因为他要退休,有着这样一个跟着自己快速成长的新栋梁,上司能不心花怒放吗?小丁在上司的领导下,很快培养了自己超越上司的能力,是否超越上司,已全在他的掌握之下。

圆通做人，糊涂处世

美国斯坦福研究中心的一份调查报告指出："一个人赚的钱，12.5%来自人脉。"所以说，人脉是一笔潜在的财富，一种无形的资产。创建有效、丰富的人脉关系，就等于拥有了制胜的法宝、成功的诀窍。"圆通做人，糊涂处世"是我们为人处世的智慧，更是我们创建人脉、稳固人脉、扩大人脉网的关键。

睁一只眼，闭一只眼

“睁一眼，闭一眼”，又作“一只眼开，一只眼闭”，出自清代张南庄的《何典》第二回：“山门里塑个遮眼神道，一只眼开一只眼闭的，代替了懊躁弥陀佛。后面也换了一尊半截观音。”

我们这里所说的“睁一眼，闭一眼“，是指人们的一种心理状态，意思是说，对某些现象睁着眼看到眼里，记在心里，而对某些现象则闭着眼，假装看不见，不必太认真。

先谈“睁眼”意味着什么。

人在胚胎时，眼睛是大脑的延伸，后来随着发育分化，眼睛才移出颅腔之外。但是，实际上眼睛仍然是大脑的一面镜子。医生常透过瞳孔这扇小窗窥视眼底的变化，以此来诊断脑的疾病。

心理学认为，外界讯息有 80%–90% 是靠眼睛传入大脑的，而人的内心世界的讯息也有 80%–90% 是靠眼睛传递出去的，收入和支出正好平衡。从眼睛这个心灵的窗口，可以领会人的心灵语言。英国牛津大学的实验心理学家证明，目光有助于交谈双方保持接触，可以抵消那些造成疏远的因素。例如请对话者分坐在一张宽桌子的两侧，结果他们互相观望的次数要比坐在窄桌旁频繁得多。在这种场合，间隔距离的扩大通过目光频度的增加而得到补偿。在日常生活中，我们可以根据一个人的目光来判断他的内心世界。一般说来，一个人能直视你，那么他极有可能说的就是真话；一个人眼珠转动，那么他准有不可告人的秘密。

可以说，眼睛的视觉过程是与人类所有的精神活动联结在一起的。我们说“让我看看这件事“就是要去理解这件事；对某事物的“见解“就是对某事物进行概念化；“看透”某事就是已去调查研究过某事。从这个意义上说，我们应当睁眼看世界，对任何事物都不能视而不见。

那么，人为什么还要“闭眼”呢？

从心理角度说，这是人们不希望看到某些现象的生理反应。当人们见到害怕的、厌恶的、不愉快的事物时，会下意识地闭上眼睛或转移视线。在交谈中只有注视对方的眼睛，彼此的沟通才能建立。如果对方目光东移西游，表示他已经心不在焉；沉默时，眼睛时开时闭，表示他已经对你厌倦；斜着眼睛的时候，表示他肯定有了一种消极的情绪，并且开始藐视你。所以人们常说，最难对付的是那些不用正眼看你的人。

谈话时几乎不看对方，是企图掩饰什么的表现。在女性尤为明显，往往内心喜爱对方，又不想用直视方式表露出来，只能用不看对方的方式来抑制深层心理中的欲望，反而把自己的内心活动暴露出来了。

大量的观察表明，情绪高昂时投射的目光就多，而郁郁寡欢时常常就会白眼待人。从这个意义上说，“闭眼“是对某些事物和现象的回避。

在现实生活中，“睁一眼，闭一眼”是在为人处世中被广泛运用的一种方式。比如批评别人，就要“睁一眼，闭一眼“，大事清楚，小事糊涂，不能事事指责，没有轻重大小之别，否则别人会习以为常，不予足够的重视，也就达不到帮助别人的目的。

唐代名相魏征为人清廉，刚正不阿，凡朝中大小之事有不妥当之处，同僚大臣中有不守法人，他必定想方设法予以纠正。即使是皇帝有过失，他也敢犯颜直谏，晓之以理，动之以情。因此，朝廷上下对他既尊敬又害怕。

唐太宗刚即位时，有一天他对群臣说：“现在是大乱之后立国，人心不安定，恐怕百姓不容易教化呀！”魏征说道：“此话不对。国家太平无事时间长了，百姓一定会骄横，难以教化。而历经战争之苦的百姓，一旦有了安定太平的生活，必然会珍惜，也就容易教化。这就好像是饥饿的人什么都能吃下，干渴的人什么都敢喝。”唐太宗见他犯颜直谏，很是震惊，不敢轻视他的话。

还有一次，别人给唐太宗送来一只名贵的鸟，唐太宗很高兴，就托在臂上逗着玩。一见魏征进来，他赶紧将鸟揣到怀里。其实魏征早已经看见了，他故意佯装没看见，奏事慢条斯理，有意拖延时间。结果等他走了，鸟也闷死在太宗怀里。有人问魏征，身为一国之尊的皇上，玩一只鸟算不了什么，而你欲置它于死地，未免太过分了。魏征说道：“玩物丧志是古人的教训，是不务正业的恶少所为。天下刚刚太平，百废待兴，身为国君，怎能贪图安逸享乐呢？”那人又问：“既然如此，你为什么不当面直说，而故意拖延时间？”魏征说：“劝谏要得体，不能太频繁，否则皇上就会怠慢。况且像这等小事，说得多了，将来有了大事，也不会被采纳。今天以不言为劝谏，明言直谏是要等到将来的国家大事上用呢。”

做个清醒的糊涂人

世界从混沌中来，也将向混沌中去。无论是东方还是西方，无论是神话传说还是科学论证，无不说明了这点。在东方，中国有盘古开天辟地之说，有夸父身化万物之说。这说明世界原本是混沌一片，无所谓天与地，亦无所谓真与假。现代科学也论证了，地球上最初是没有空气与生命的，最原始的生命体在雷电中产生，在海洋中生存发展，尔后才进化成现在的大千世界。

人类社会的发展也是从混沌空间走向明晰和精确的：数字逻辑的严密、物理化学实验和论证的缜密、仪器仪表的精确完美。但是就在这精确与严密中，人们发现了人生的苍白与无奈，连人也成了一部精确的机器，凡事斤斤计较，凡事追求因果必然。

完全的真实与明确往往缺乏魅力而显得苍白，模糊与朦胧却更加诱人。在艺术审美中，所谓的“神秘”和“空灵“，所谓的“尽在不言中”，所谓的“不着一字，尽得风流”，正是模糊与朦胧产生的巨大效果。

追求精确是没有止境的，研究物质组成，人们发现了分子；深究分子组成，人们发现了原子；分析原子结构，人们发现了电子和原子核，今后还会有人继续研究下去。世界的无极与太极，使人们无休止地追求下去，但每前进一步都将付出巨大的艰辛和昂贵的代价。人们如一架精密仪器在为了寻求准确而工作。

但是，当今世界也有人认识到了精确的无限，转而研究模糊，产生了混沌学、模糊理论，这反映了人类认知过程的巨大转变和飞跃。人们高兴地发现，精确远不如模糊更符合事物的本原。而且这门科学亦开始应用于洗衣机、电脑信息产业等领域，前景广阔。

由此可见，人类的总体认知过程，包括世界本身都恰似一个螺旋：从混沌开始，归于混沌，中间走过了数字和精确。科学正返璞归真。

天道人事，从终极意义而言，无不归于混沌，归于糊涂。千般谋计，难得糊涂为哪般？

自清朝文坛奇人郑板桥写下“难得糊涂”这一千古不朽的四字之后，“难得糊涂“便成了许多人的人生箴言、座右铭和行动指南。

历史发展到今天，呈现出纷繁复杂、变幻万千的景象。在这样光怪陆离的大千世界里，很多人处在事业未竟的悲哀、爱情失败的痛苦、人际关系复杂的苦恼与管理头绪的混乱之中。世界虽未走到尽头，但失望、沮丧的情绪却笼罩了这个纷乱的世界。于是乎，“难得糊涂”的书法作品四海泛滥，糊涂的学问五洲尊奉。然而对于糊涂学这一古老的命题阐释，真可谓“百家争鸣”、各有千秋。

其实，糊涂学并非神秘而高深莫测的学问。可以说，它是人生随处可见的学问。回望我们祖先所创造的灿烂的传统文化，他们早已为我们解决

这个困惑提供了各有侧重而又相互贯通的答案：

儒家说“限我是糊涂”；道家说“无我”是糊涂“；佛家说“忘我”是糊涂”；兵家说“胜我”是糊涂。

糊涂是大智若愚，宽怀忍让；是大勇若怯，以柔克刚；是处事不悖，达观权变；是外乱内整，内精外纯；是有所不为，而后有为；是宠辱不惊，是非心外；是得意淡然，失意泰然；是宽容忍让，不计前嫌；是不以物喜，不以己悲；是乐天知命，顺应自然；是淡泊名利，知足常乐；是与世无争，宁静致远；是居安思危，未雨绸缪；是保静养神，清心寡欲；是沉默是金，寡言鲜过；是谤我容之，侮我化之……

难得糊涂，人才会清醒，才会清静，才会有大气度，才会有宽容之心。世间的人情冷暖是变化无常的，人生的道路是崎岖不平的。因此，当你遇到困难走不通时，必须明白退一步的为人之道；当你在事业上一帆风顺时，一定要有谦让三分的胸襟和美德。

为人处世必须学会谦恭、礼让，不能处处都想赢，不能事事都要露一手，难行的地方退一步或许会海阔天空。人生得意的时候，应该把功劳让与别人一些，不要居功自傲，更不能得意忘形。换句话说，人生有高有低，有曲折有平坦。当你遇到挫折时，必须鼓足勇气继续奋斗；当你事业飞黄腾达时，不要忘记帮助过你的人。

揣着明白装糊涂

古典小说《红楼梦》中，薛宝钗待人接物不仅谋略高超，而且善于从小事做起。元春省亲与众人共叙同乐之时，制二灯谜，令宝玉及众裙裾粉黛

们去猜。黛玉、湘云等一猜就中，眉宇之间甚为不屑，而宝钗对这“并无甚新奇“、”一见就猜着“的谜语，却“口中少不得称赞；只说难猜，故意寻思”。有专家们一语点破：此谓之“装愚守拙”。因其颇合贾府当权者“女子无才便是德“之训，用一句老百姓通俗的话说就是：“心里明白别张狂”，要学会装傻。

看电视连视剧《武松》时，最喜欢武松“醉”打蒋门神的精彩片断：手握酒杯，仰脖而干，身子东倒西歪，步履轻飘虚浮，蒋门神于漫不经心之际，鼻梁突着一拳，尚未回过神来，眼额又遭一腿……当其终于醒悟这绝非是酒鬼的“歪打正着”之时，其身已受重创而无还手之力了。

“醉拳”之厉害，在于一个“装醉”，表面上看来，歪歪倒倒、踉踉跄跄，不堪一击，而其实呢，醉眼惺忪之中却暗藏杀机，就在你麻痹大意之时，挨上了“醉鬼”的狠招。如果说装醉打拳乃格斗之上乘技法，那么“装疯卖傻”则是待人处世中超一流的功夫。

郑板桥说：“难得糊涂。”刘少奇说：“大事清楚，小事糊涂。”古语也说“水至清则无鱼，人至察则无徒。”一个人如果过分认真，那么必将一事无成。在待人处世中，许多时候装得迟钝一点、傻一点、糊涂一点，往往比过于敏感更有利。

第二次世界大战中，美国小罗奇福特领导的一个小组，在中途岛之战前成功地破译了日本人的密码，得到了日军海上作战部署的确切情报，并有针对地进行了作战准备。谁知，就在这个节骨眼上，嗅觉灵敏的美国一新闻记者得到了这一绝密情报，竟然不知天高地厚作为独家新闻在芝加哥一家报纸上给捅了出来。新闻随时都可能引起日本人的警觉而更换密码和调整作战部署。发生了如此严重泄露国家战时情报的事件，作为美国战时总统的罗斯福却对此置若罔闻，既没有责成追查，也没有兴师问罪，更没有因此而调整军事部署，而是装出一概不知的糊涂样子。结果事情很快就烟消云散了，就像什么事也没发生一样，根本没有引起日本情报部门的重视。在中途岛战役中，美军靠“糊涂”得到了大便宜。

富有经验的人都知道，待人处世中与上司打交道最不容易，因为上司操着你的命运，弄不好，你的前途就被耽误了。因此，与上司交往最好的技巧就是“揣着明白装糊涂”。这也就是说，自己心里明白，却不炫耀自己的聪明才智，不反驳对方所说的话。其实要做到这一点是非常不容易的。

苏联卫国战争初期,德军长驱直入。在此生死存亡之际,曾在国内战争时期驰骋疆场的老将们,如铁木辛哥、伏罗希洛夫、布琼尼等,首先挑起前敌指挥的重担。但面对新的形势,他们渐感力不从心。时势造英雄,一批青年军事家,如朱可夫、华西列夫斯基、什捷缅科等,相继脱颖而出。这中间,老将们思想上不是没有波动的。1994 年 2 月,苏联元帅铁木辛哥受命去波罗的海,协调一、二方面军的行动,什捷缅科作为他的参谋长同行。什捷缅科早知道这位元帅对总参部的人抱怀疑态度,思想上有个疙瘩,心想:“命令终归是命令,只能服从了。”等上了火车,吃晚饭时,一场不愉快的谈话开始了。铁木辛哥先发出一通连珠炮:“为什么派你跟我一起去?是想来教育我们这些老头子,监督我们的吧?白费劲!你们还在桌子底下跑的时候,我们已经率领着成师的部队在打仗,为了给你们建立苏维埃政权而奋斗。你军事学院毕业了,自以为了不起了!革命开始的时候,你才几岁?”这通训话已经近乎侮辱了,但什捷缅科却老实地回答:“那时候我刚满十岁。”接着又平静地表示对元帅非常尊重,准备向他学习。铁木辛哥最后说:“算了,外交家,睡觉吧。时间会证明谁是什么样的人。”

应该说,“时间证明论”是对的。他们共同工作了一个月后,在一次晚间喝茶的时候,铁木辛哥突然说:“现在我明白了,你并不是我原来认为的那种人。我曾想,你是斯大林专门派来监督我的……”后来什捷缅科被召回时,铁木辛哥心里很舍不得和他分离。又过了一个月,铁木辛哥亲自向大本营提出要求,调这个晚辈来共事。

作为一个人,尤其是作为一个有才华的人,要做到不露锋芒,既有效地保护自我,又能充分发挥自己的才华,成为处世高手,不但要说服、战胜盲目骄傲自大的病态心理,凡事不要太张狂太咄咄逼人,更要养成谦虚让人的美德。凡是鲜花盛开娇艳的时候,不是立即被人采摘而去,也就是衰败的开始。人生也是这样。当你志得意满时,切不可趾高气扬,目空一切,不可一世,如果那样你不遭别人当靶子打才怪呢!所以,无论你有怎样出众的才智,都要谨记:不要把自己看得太了不起,不要把自己看得太重要,更不要把自己看成是救世济民的圣子或君子。

什捷缅科在受辱之时装憨相,过了铁元帅关,体现了后生的谦卑及对老人的尊重,是大智若愚的表现。懂得装傻者绝非傻子,显得木讷憨厚有时是最高智慧者才能为之。归纳古往今来,待人处世中这类“装傻”的谋略，不外乎以下几种：

一、假装认错人，摆脱困窘。《南亭笔记》中记载了一段“民女巧对彭宫保“的故事，说的是有一女子高台晾衣，不小心手里的竹竿掉了下去，正打在恰好路经此处的彭玉麟宫保大人头上。彭玉麟自然极为恼火，女子心里很害怕，因为她已经认出了被砸之人是彭玉麟。但惶恐中，该女子却有意将彭玉麟认作旁人，也厉声说：“你喊什么？听你这腔调简直像个行伍人，没一点文明气！你可知道彭宫保彭大人就在这里，他老人家可是爱民如子，我若告诉他，怕要砍了你的脑袋！”一番装痴卖傻，以攻为守，寓“捧”于“攻”的巧语，居然化解了一场大祸。因为彭玉麟本来非常窝火，但一听这不认识自己的民女竟然如此敬重自己、夸自己，也就不觉转怒为喜，一声不吭地走了。

二、假装不认识对方而当面嘲讽他。如明末少年抗清英雄夏完淳巧骂洪承畴。洪承畴原为明朝总督，抗清兵败降清而助清灭明，在一次战斗中俘虏了夏完淳。夏完淳恨透了这为虎作伥的叛徒，受审时决意要嘲骂一下他。洪承畴对夏完淳说：“你小孩子家，造什么反？只要你归降，一定前途无量！”夏完淳说：“人各有志，我岂能跟你们一样！我最仰慕我朝的洪承畴先生，要做他那样的英雄！”他假装不认识洪承畴，不知洪已叛明投清。洪承畴怔了一下：“你仰慕洪先生？”夏说：“当然仰慕。当年洪先生在关外与清兵血战于松山、杏山一带，矢尽援绝，仍坚强不屈，最后英勇就义。消息传来，举国震动，先帝为之垂涕。这样的英雄难道不值得仰慕吗？”他的一番话说得洪承畴面红耳赤，非常狼狈。洪承畴的左右忙插话说：“你不要胡说，洪大人就正在堂上！”夏说：“你们才胡说呢！洪老先生早已为国捐躯，天下谁人不知！你们这些贼子还想冒充他、败坏他的名声，先生在天之灵也不会放过你们的！”一番装痴卖傻、别出心裁的挖苦嘲骂，把洪承畴弄得无地自容，只好慌乱地叫人把夏押走，结束了这次尴尬的审判。

三、以一种怪异的“傻帽儿”之举，扬自己某种名声。如一则寓言中所说的“千金买骨”。此外，英国曾有一个名叫琼斯的中年女人，曾状告宇宙足球厂赔偿自己的“孤独费”，指控宇宙足球厂生产的足球引诱她丈夫（特别爱踢足球，是个超级球迷），是“第三者”。而球厂老板竟然愉快地接受了此项指控，主动赔给琼斯太太 10 万英镑“孤独费”。是他们疯了、傻了，专门胡扔钱？非也！“千金买骨”，是要显示爱马，发疯般爱马，舍得出最高价买马——让天下有好马者都冲此最高价送马上门，而宇宙足球厂的老板则想以此奇怪的赔偿案传扬他厂足球的魅力！看，我们的足球啊，已完全吸引了男子汉，以致使妻子都视它为“第三者”，要与丈夫离婚，并让厂家赔偿“孤独费”！

模糊表态，不遗话柄

俗话说，“逢人只说三分话”，意思是说还有七分话不必对人说出。你也许以为大丈夫光明磊落，应坦诚相见，事无不可对人言，何必只说三分话呢？

其实不然，我们提倡在人际交往中以诚相见，但是，人与人之间要达到“以诚相见”的境界势必要有一个过程。在这个过程的每个不同阶段，需要运用各种恰如其分的交际方法，方能保证这个过程的顺利完成。

“模糊表态”是一种常用的社交方式，即采取恰当的方式、巧妙的语言对别人的请求作出间接的、含蓄的、灵活的表态。其特点就是不直截了当地表明态度，避免与对方短兵相接式的交锋。其功效有二：

一、给自己留有回旋的余地。有些问题一时尚不明朗，需进一步了解事实真相，或看看事态的发展及周围形势的变化方可拿主张。“模糊表态”就能给自己留下一个仔细考虑、慎重决策的余地。否则，君子一言，驷马难追，不仅影响自己的威信和声誉，也因此会对人际关系造成不应有的损失。

二、给对方一点希望之光，有利于稳定对方的情绪。要求你解决或答复问题的人，内心总是寄予着厚望，希望问题能得到解答或完满解决。如果突然遭到生硬的拒绝，由于缺乏必要的心理准备，很可能因过分失望或悲伤，心理上难以平衡，情绪难以稳定，产生偏激言行，有碍于人际交往；相反，倘若话尚未完全说死，则会使他感到事情并非毫无希望，也许经过更多的努力或者过一段时间机会降临，事情会向好的方向转化，因而情绪趋于稳定。

然而，我们并不是说凡事都要“模糊表态”。任何事情的发展变化都得有个过程，有的还得有一个相当长的演变过程。当事情处于发展变化初期，实质性的问题尚未表露出来时，我们难以断定其好坏、美丑、利弊、胜负，这时就需要等待、观察、了解和研究，切不可贸然行事，信口开河。

经验丰富的人遇到这类问题时，会用几句幽默话语，如引用一则寓言故事或一则笑话代为回答，而不作直接的回答，留给对方去思考、揣摩。这可说是“模糊表态”中的高招了。

以柔克刚

在待人处世中，如果你的实力比对方强大得多，当然可以泰山压顶，一举全歼。但是如果对手十分强大呢？以硬对硬，即使勉强能胜，自己也要造成很大损失，或者对方实力远强过你，又该如何呢？特别是平时的待人处世，整天面对的不是敌人，而是朋友、友军或者需要长期维持友好关系的同事，这时则不能采取强硬的手段。怎么办？俗话说滴水可以穿石，柔竹能敌强风，在不能采用强硬办法的时候，不妨来个绵力相迎，以柔克刚。

唐代宗广德二年（公元 764 年），安史之乱刚刚被平定，仆固怀恩却在北方纠众反叛，屡屡攻城略地。唐代宗只好命声望卓著的郭子仪为副元帅，率军平叛。郭子仪令其儿子郭晞以检校尚书的身份兼行营节度使，屯兵在邢州。邢州地方的一些不法青年，他们纷纷在郭晞的名下挂名，然后以军人的名义大白天就在集市上横行霸道，要是有人不满足其要求，即遭毒打，甚至怀孕的妇人他们也不放过。邢州节度使白孝德因惧怕郭子仪的威名，对此提都不敢提一下。白孝德的下属泾州刺史段秀实则感到事关唐朝安危和郭子仪的名节，便毛遂自荐请求处理此事。白孝德立即下文，令他代理军队中的执法官都虞侯。

段秀实到任不久，郭晞军队中就有 17 名士兵到集市上抢酒，重伤了酿酒的工人，打坏了酒场许多酿酒器皿。段秀实布置士卒把他们统统抓来，砍下他们的脑袋挂在长矛上，立于集市示众。

郭晞军营的所有军人为之骚动，全部披上了盔甲，准备将段秀实乱刃分尸。在此危急关头，段秀实不仅没有惊惶失措，反而解下了身上的佩刀，选了一个年老且行动不便的老兵给他牵马，径直来到郭晞军营门口。

听说段秀实前来，披甲戴盔的士兵都出来了。段秀实笑着一边走一边说：“杀一个老兵，何必还要披甲戴盔，如临大敌？我顶着头颅前来，要亲自由郭尚书来取！”全副武装的士兵见一老一文一匹瘦马，惊愕不已。本以为要进行一场硬拼，眼见得对手如此文弱，反而纷纷让路了。

段秀实见到了郭晞，不忙着劝他整肃军纪，而是从维护郭家的功名说起。他对郭晞说："郭子仪副元帅的功劳充盈于天地之间，您作为他的儿子却放纵士兵大肆暴逆。如果因此而使唐朝边境发生动乱，这要归罪于谁呢？动乱的罪过无疑要牵连到郭副元帅。而今邢州的不法青年纷纷在你的军队中挂名，借机胡作非为，残杀无辜。别人都说您郭尚书凭着副元帅的势力不管束自己的士兵，长此以往，那么郭家的功名还能保存多久呢？"

郭晞本来对段秀实自作主张捕杀他的士兵心存不快，对于士兵的激愤情绪也听之任之，想要看看段秀实到底有多大的能耐。现在他见段秀实完全不作防备地闯进军营，又听他这么一说，便觉得段秀实完全是为保护郭家功名才这样做的，所以一改原来的强硬态度，觉得对弱小的段秀实必须加以保护，以免被手下人因愤而杀。于是他赶紧对段秀实拜了又拜，说："多亏您的教导。"喝令手下人解除武装，不许伤害段秀实。

段秀实为让郭晞下定决心管束军队，又对郭晞说："我到现在还没有吃晚饭，肚子饿了，请为我备饭吧。"吃完饭后又说："我的旧病发作了，需要在您这里住一宿。"这样，段秀实竟在只有一名老兵守护的情况下，睡在充满敌意的军营之中。

在这种情况下，面对没有丝毫恶意的段秀实，郭晞害怕愤怒的军人杀了这个不作抵抗且又有恩于自己的朝廷命官，心里十分紧张。于是他一面申明严格军纪；一面告诉巡逻值夜的士卒严加防范，借打更之便切实保卫段秀实的安全。

第二天，郭晞甚至还同段秀实一起到白孝德处谢罪，军纪由此整治一新。

段秀实本来的职责就是负责整肃军纪的都虞侯，可面对大权在握并且深受皇帝宠爱的郭子仪之子，如果和他硬来，恐怕早就被乱兵剁成了肉酱。既要整顿军纪，又无法下手，在此两难境地，许多人可能早就束手无策了，但段秀实却采用以柔克刚法，先示弱，是对方的敌对态度自行消减，然后再凭着自己的说话技巧，从对方利益出发，为对方着想，由此郭晞觉得他完全是为自己着想，从而使矛盾得到圆满的解决。

方圆有度，走好你的路

曾几何时，一提到"软硬兼施"，人们就会认为是指那些善于耍手段的人。对于那些人的行为，人们感到可耻和厌恶，说他们"软硬兼施，圆滑世故"。

软和硬都是为人处世的手段。既然是手段，聪明人大可不必担心对它的褒贬之词，尽可能选择机会，见机行事。自古以来，软硬兼施的处世之道，正人君子可以使用，奸佞小人更加擅长，只不过是各取其用罢了。前者用以坚持正义，捍卫尊严，并且规劝他人行正道；后者则是为了达到某种不可告人的目的，甚至为了自己的目的不惜牺牲别人的利益。既然它是手段，恶人用之作恶，正人自可用之"弃恶扬善"。

"软硬兼施"，需要恰如其分，恰到好处。作家三毛举例说："对一个恶人退让，结果使他得寸进尺；对于一个傻子夸奖，结果使他得意忘形。"看来，要想使其发生效用，需见机行事。对欺软怕硬的人，可以以"硬"克之；对于吃软不吃硬的人，可以以"软"化之。

"外圆内方"是软硬兼施的另一种表现。有方有圆，百事不难。为人处世既要坚持原则性（即"方"），又要保持灵活性（即"圆"），二者相辅相成，才能营造和谐的人际关系。

方与圆是构成各种不同形状体的两个基本几何形体，无论何种物体，离开方与圆都难以成形。在人们的社会交往中，要处理好人与人之间的各种关系，也少不了有方有圆的处世之道。"方"，即指品行方正；"圆"，即指婉转机警。有的人外方内圆，秉性刚直，心地善良；有的人外圆内方，面容慈善，行事有方。这些人并不都是老谋深算、老于世故的人。他们以"方"为立身处世的根本，以"圆"作为减少阻力的方式。

经验告诉我们：一个斤斤计较、处处与人摩擦者，即便他本领高强、聪明过人，也往往会使自己壮志难酬、事业无成。青年人未经社会的打磨，个性中总呈现出棱棱角角的一面，容易碰壁。为了减少前进中的阻力，为了集中精力去实现自己的理想和愿望，必要时，我们应该作出某种让步或妥协，即用"圆"的方法去取代"方"的精神，当然也不能把"方"全丢了。人们活在复杂的社会当中，像舟行于江河，处处有风浪，有阻力，如果一个人时时事事以"方"处之，以硬碰硬，竭尽全力与阻力相较量、抵抗，甚至拼个你死我活，这样做的结果，一来精力难以承受；二来树敌太多，更不好过。与其如此，何不适当地用些"圆"的方法，积极地去排除一些困难或减少部分阻力，这样不就使成功路上少几块绊脚石了吗？

以战争为例，两军对峙，若正面进攻（可以说是“方”）不成，因为敌强我弱，力量悬殊，硬要上只能是“以卵击石”。有经验的统帅，面对寡不敌众的形势，总是会采用迂回包抄的战术，避其主力，击其侧翼，由此可扭转战势，取得胜利。这“迂回包抄“的战术，不就是“圆”的战术吗？

行事为人，过于方正可能会树敌过多或显得不近人情而伤了别人；过于婉转又容易陷入圆滑之地，所以行方圆之道要掌握火候。总而言之，无论软硬兼施也好，有方有圆也罢，都是人们处理好社会生活中各种人际关系的重要手段。

学会低头

老百姓有一句俗语，叫做“人在屋檐下，不得不低头”，意思是说人在权势、机会不如别人的时候，不能不低头退让，但对于这种情况，不同的人可能会采取不同的态度。有志进取者，将此当作磨炼自己的机会，借此取得休养生息的时间，以图将来东山再起，而绝不一味地消极乃至消沉；那些经不起困难和挫折的人，却往往将此看做事业的尽头，从此畏缩不前，不愿想办法克服眼前的困难，而只是一味地怨天尤人或听天由命。

在中国历史上，政治斗争、军事斗争乃至权力斗争都极其复杂，有时更是瞬息万变。能忍受暂时的屈辱，低头磨炼自己的意志，并从中寻找合适的机会，也是成功必不可少的心理素质。所谓“尺蠖之曲，以求伸也，龙蛇之蛰，以求存也。”正是这个意思。西汉时期的韩信忍受胯下之辱正是这种懂得要低头的最好体现。试想，如果他当时不低头、不退让而“英勇”地奋起还击，闹出人命吃官司不说，很可能还会赔上自己的一条小命，更不用说什么取得丰功伟绩。

隋朝的时候，隋炀帝十分残暴，各地农民起义风起云涌，隋朝的许多官员也纷纷倒戈，转向农民起义军。因此，隋炀帝的疑心很重，对朝中大臣，尤其是外藩重臣，更是易起疑心。唐国公李渊（即唐太祖）曾多次担任中央和地方官，所到之处，悉心结纳当地的英雄豪杰，多方树立恩德，因而声望很高，许多人都来归附。这样，大家都替他担心，怕遭到隋炀帝的猜忌。正在这时，隋炀帝下诏让李渊到他的行宫去晋见。李渊因病未能前往，隋炀帝很不高兴，多少有点猜疑之心。当时，李渊的外甥女王氏是隋炀帝的妃子，隋炀帝向她问起李渊没有来朝见的原因，王氏回答说是因为病了，隋炀帝又问道："会死吗？"

王氏把这消息传给了李渊，李渊更加谨慎起来，他知道迟早为隋炀帝所不容，但过早起事又力量不足，只好缩头隐忍，等待时机。于是，他故意广纳贿赂，败坏自己的名声，整天沉湎于声色犬马之中，而且大肆张扬。隋炀帝听到这些，果然放松了对他的警惕。试想，如果当初李渊不低头，很可能就被正猜疑他的隋炀帝杨广送上了断头台，哪里还会有后来的太原起兵和大唐帝国的建立呢？

所以，在待人处世中，"低头"是为了更好地让自己与现实环境和谐，把二者的摩擦降至最低；是为了保存自己的能量，好走更长远的路；更为了把不利的环境转化成对自己有利的力量。低头是处世的一种柔韧、一种权变，更是最高明的生存智慧。

退一步海阔天空

当我们是对的时候，我们要温和而巧妙地去得到别人对我们的赞同；当我们是错的时候，先别惊慌地掩饰它，因为纸是包不住火的，我们要迅速且诚恳地承认我们的错误。这种方法不仅能产生惊人的结果，而且在某种情况下，比为自己辩护更有意义。

"人非圣贤，孰能无过？"我们从小就被教育"有错就改才是好孩子"。犯错误的原因归纳起来有这么几条：年龄和客观条件造成的知识不足，能力有限，行为有悖客观规律；初入社会，见识短浅、经验不足，加上莽撞、冲动、感情用事，错误易出；在经历了大风浪之后，不小心被一时的欲望和邪念所诱惑，在阴沟里翻船；小错不断，知错不改，终成大错等等。

如果你的记性不是太糟糕，不是犯了错转脸就忘的话，常出错不是缺点。"吃一堑，长一智"，挫折能使意志得到锻炼，使人变得聪明。因为你在某件事上吃了亏，下一次碰到类似的事情，就不会效仿上一次的"笨"法子。即便这一次也不一定是最聪明的办法，但一定比上一次的要高明。如此这般地不断改进，便能应付自如，较他人也就棋高一着。

在犯了错误的当时，且不问错的原因，人们会采取不同的态度和处理方法。我常常看到有的人明明是他的错，却紧咬牙关，怎么也不肯承认"我错了”。也有的人“口才好”，好强辩，无理也要搅三分。也许他们是出于虚荣心、好面子或其他什么原因。如果拿以上两种办法来对待你的顶头上司的批评、对付警察的盘问，或者对待一个同样死不认错者，情况就不会像你想象的那样，以为死不认错就可以蒙混过关，其实这样做的结果往往使自己处于被动的境地。

在一些鸡毛蒜皮的小事上，我们更不必计较太多。相声《纠纷》讲了这样一个故事：雨后，马路上积了很多泥水，这时正值上班高峰期。故事的两位主人公一个赶着去买药，一个忙着去上班，由于人车拥挤，买药的没留神，从上班的人身边擦过去，弄脏了他的鞋和裤腿，却继续向前骑。上班的怒了，一把抓住买药的，要他赔钱和轧伤脚的医药费。因为上班的言语过激，买药的听得不入耳，火气一上来，便开始与对方争辩，最后两人吵到了派出所。民警没有立即调解，而是让二人到另一间小屋里等候。两人静静地坐下来，心平气和之后才清醒地回想了事情的经过。买药的开了腔：“这事最初是我不对。你的脚还疼吗？”上班的面有愧色说：“不要紧，在这儿待了半天也活动开了。其实当初你要客气客气，也就用不着来这里给民警添麻烦了。”“我是想道歉来着，可是当时你又是什么态度？你的话也相当不客气呀！”“你得原谅我年轻嘛！”两人走出小屋，向民警说明了事情的来龙去脉，欢喜地走出了派出所。临别时，一个问另一个：“怎么样兄弟，还生我的气吗？”“哪儿的话，不打不成交，有空上我那儿玩去！“另一个回答道。一场纠纷就此化解。仔细想想这个故事，如果我们在事情的开始就迅速地、坦白地、真诚地承认自己的过失，谦逊一点，矛盾也就化解了。所以，“如果你错了，就迅速地承认”是一种比较聪明的做法，死不认错反倒是鲁愚之人的行为。

假如我们知道我们势必要受责备了，就应先发制人，自己先责备自己，巧妙而委婉地陈述事实，那么你自我批评的诚恳和急切的态度将使对方的愤怒和争斗性被消灭，或许他还会帮你开脱呢。这种方法的明智还表现在使你处于主动地位，在对方有机会说话以前，将他的批评转成你的自我批评。听自己的批评不是比忍受别人口中的斥责容易了许多吗？而且人都有自卫的心理，自我批评也是出于自身利益着想，故而言语之中少了诽谤，态度也显得诚恳。

“退一步海阔天空，让三分风平浪静”。这不仅仅是被动的退让，从某种意义上说，也是主动的积极的办法。用争夺的方法，你永远得不到满足，但用让步的方法，你可得到的比你期望的更多。这里强调一种争取主动的行事原则。打个比方，公园的石板路窄，两个有过节的人相向而行，这次冤家路窄，一个人傲慢地说："我从来不给傻子让路！"另一个却不慌不忙地说："我向来只给傻瓜让路。"于是从容地绕道而行。这个故事与我讲的中心议题似乎不相关，但我们可以依此类推，举一反三，体会其中的方法：出了错就迅速地主动地承认，死不认错才是错上加错的笨法子。

大智若愚

宋代宰相韩琦以品行端正著称，时时遵循着得饶人处且饶人的生活准则，从来不曾因为有胆量而被人称许过。可是他在下面两件事上的神通广大，却实在是没有第二个人可比。这才是"真人不露相"的注脚。

当宋英宗刚死的时候，朝臣急忙召太子进宫，太子还没到，英宗的手又动了一下，宰相曾公亮吓了一跳，急忙告诉宰相韩琦，想先别去召太子进宫。韩琦拒绝说："先帝要是再活过来，就是一位太上皇。"越发催促宫人去召太子来，从而避免了权力之争。

当时担任大内都知职务的任守忠很奸邪，经常秘密探听东西宫的情况，在皇帝和太后之间进行离间。韩琦有一天出了一道空头敕书，参政欧阳修已经签了字，参政赵概感到很为难，不知怎么办才好。欧阳修说："只要写出来，韩琦一定有自己的办法。"韩琦坐在政事堂，用未经中书省而直接下达的文书把任守忠传来，让他站在庭中，指责他说："你的罪过应当判死刑，现在贬官为蕲州团练副使，由蕲州安置。"韩琦拿出了空头敕书填写上，派使臣当天就把任守忠押走了。

要是换上另外一个爱要弄权术的主儿，任守忠会轻易就范吗？显然不会，因为他也相信一贯诚实的韩琦的说法，不会怀疑其中有诈。这样，韩琦不仅轻易地除掉了蠹虫，而且仍然不失忠厚。所以大智若愚实在是一种人生的最高修养，也是一种做人的谋略。大智若愚的人总有更多的成功机会

晋代人谢万—谢安的弟弟，曾经和蔡系争一个座位。蔡系把谢万从位子上推了下去。谢万慢慢站起来，拍拍衣服，边坐回座位上边说："你差点儿弄伤了我的脸。"蔡系说："本来就没有考虑到你的脸。"后来两人都没有

把这件事挂在心上，当时人们都称赞他们胸襟宽广。

韩琦、谢万之流都是老谋深算、"心计"重重之人，在处理事情的过程中，受侮、受损的一方都没有为自己的难堪和损失而大发雷霆、记恨于心，相反，他们都表现出宽宏大量、毫不计较的美德和风度，结果不仅得到了大家的敬重，也使伤人者感到无地自容。

大智若愚，从一个角度来说，也可理解为小事愚、大事明。所谓愚，是指有意糊涂。该糊涂的时候，就不要顾忌自己的面子、学识、地位、权势，一定要糊涂。该聪明、清醒的时候，则一定要聪明。由聪明转糊涂，由糊涂转聪明，则必左右逢源，不为人际所扰，不为人事所累，这样你也必会有一个幸福、快乐、成功的人生。

客观的经验告诉我们，做人不要过于精明，太精明露骨会遭人讨厌。因为人与人之间的情感沟通和交流是心与心的交流，如果做人过于精明露骨，就不能在交际方面获得人心。对人，不必精明；对朋友，傻点更好。交际中的精明容易把应该淳朴真挚的关系人为地弄复杂，使人感到这种人刁钻奸滑，从而敬而远之。这样精明的结果，只能以自己成为孤家寡人而告终。

做人太精明露骨，实则是一种小聪明。

有一种情况是：聪明反被聪明误，自逞聪明，引火烧身。三国时代的杨修，可谓绝顶聪明吧，可他的几次"聪明"过了头，结果引起了曹操的忌恨，最终被杀。

人和人的正常交往是平等的，如果你举止不讲究、言辞不考究，总是居高临下，只能孤立自己，招致他人的"不屑一顾"。

做人需要精明，但不要过于精明，更不能精明到露骨。

不自作聪明

心理学研究表明：人普遍有一种自我优越感，而且一个人的行为、情绪往往与这一优越感有着极大的关联。一旦他意识到自己的可笑、幼稚或愚蠢，那种优越感便会给自我一个爽快的奖赏；反之，如果感到自我的失败并且觉得这失败是对方造成的，这种优越感便会导致一种近乎专横的粗暴，并通过情绪、行为或语言把这种粗暴施加于对方，甚至是一种不挫败对方绝不罢休的怨恨。

所以,这是一个可怕的阴暗领域。然而,它又是那么普遍地存在。作为人的劣根性,它像个幽灵,缠着人类不放。我们看不惯这一可恨的家伙,却拿它毫无办法。在此之前,我们甚至不知道它的存在,尽管在日常交际中,我们时常感到有某种东西在驾驭着我的情绪,一不小心,它就煽起对方的怒火与怨恨。更糟的是,有时候我们根本不知道自己做错了什么,就让对方忽然就对自己冷淡了起来。

我们之所以这么无知,全是因为我们自己也在犯着同样的毛病:自作聪明,过分相信自己。正是因为这个毛病,我们时常在无意中就抓住对方的缺点或错误而毫无遮拦地加以指出。而这极大地伤害了对方精心为自己构造的优越感。又或者,我们时常在无意中抓住一个显示自己聪明的地方,便迫不及待地希望对方能注意到自己的智慧,而这无疑使他人的优越感得不到满足。事实上,我们的"无意"也并非真正的无意,而是我们习惯了"有意",从而对"有意"产生了淡漠。这种"无意"往往就是最为深刻的"有意"。

约翰·华纳梅克曾说:"有些人不知道,自己总是随身带着一把放大镜,当他们希望时,就用它来看别人的不完美。"在这,"有些人"是多么保守的字眼,华纳梅克对人类社会也太过温和了,因而才显得那么手下留情。"别人的不完美"往往给观察者一种高人一等的优越感,而忘记了自己身上也有着同样的不完美。当我们看到他人的才智、他人的成功时,我们所产生的就不仅仅是妒忌,甚至还会因此而对他们产生一种毫无来由的厌恶与不屑。

自作聪明是个可怕的毛病,尽管在当今文明社会,它不至于惹来杀身之祸,却也极大地影响了人们的日常交往,挑拨了人们之间的关系,离间了人们之间的友爱,给人们的生活平添了几分苦恼。

艾瑟克·牛顿爵士有这么一段引人注目的话:

"当你加入新团体时,留意他们的脾性,使自己的举止适合他们。借着随和的言行,你便能和他们更自由、更坦诚地交谈。让你的谈话、询问和疑问多于专断的主张或争辩,他们的目的在于获知,而不在被教导。此外,这样会使朋友相信你对他们有更多的尊敬,因而使他们更愿意随时将他们知道的告诉你。因为没有什么能比专断更易造成不敬和争吵。你会发现,表现得比自己的伙伴聪明或无知许多,少有益处或一无益处。避免揭人短处，尽管他是前所未有的坏，或者，这么做时要温和，以免自己要尴尬地收回它。再没有什么能比赞同和称赞人们的喜爱更能获得人心了，不过要留意用比较适宜的方式来表达。”

北大的一名毕业生进入一家公司后，没有多久便被炒了鱿鱼。之后，他接连换了几家公司，结果都是大同小异。作为一名北京大学的毕业生，其工作能力自是不容怀疑。问题就出在这个毕业生太心高气傲，屡屡对自己上司的计划提出质疑，发表自以为高明的见解，也就难怪他在哪儿都呆不下去。如此一尊大佛，确实是哪个庙都无法容下的。

所以，我们确实不应到处施展聪明，锋芒太露，这样往往会成为众矢之的。要想在人群中形成良好的关系和形象，要想在工作、学习中得以顺顺利利，我们就不要自作聪明。卡耐基说：“交朋友并影响别人意见的最稳妥的方法是，尊重对方的意见，让他能有重要感。”这是让他不致对你产生厌恶的最好办法。

一位孤独的心理学家在研究了许多被世人称为天才的成功者后，说了一句极为引人深思的话。他说：“自卑是所有天才的共同心理。”当然，他所说的“自卑”并非平常意义上的自卑，而是一种带有积极进取、赶上他人精神的、对自己才能的“不信任”，或者说“不满足”，也正因此，爱因斯坦才会是世界上最后一个知道自己拥有那么大名声的人。

不自作聪明，往往使人更加容易看到自己的不足、得到他人的好感。聪明一世的人，又何必去计较一些做人的小聪明呢？

切勿聪明反被聪明误

每个人都喜欢被别人认为聪明、有才华、能干，因此，很多人在言谈举止之间，总是有意无意地显示着自己某方面的优势。如果是亲人、朋友之间这样做，应无大碍，若是在同事或领导面前蓄意显能，往往会给自己带来麻烦。因为你太聪明了，什么事都瞒不过你的眼睛，他们就会视你为威胁而与你产生嫌隙，甚至排斥或挤压你。

三国时期的杨修在曹营内任主簿，其人思维敏捷，甚有才名，但为人恃才自负，屡犯曹操之忌。一次，曹操命人营造一所花园。花园竣工后曹操亲自去观看，看后一言不发，只提笔在门上写了一个“活“字。手下人都不解其意，杨修解释说："门"内添"活"字，乃"阔"字也。丞相嫌园门阔耳。于是监工人员在杨修的指点下加高围墙，改造完毕后又请曹操前往观看。曹操观后大喜，问是谁解此意，左右回答是杨修。曹操嘴上虽赞美几句，心里却很不舒服。又有一天，塞北送来一盒酥，曹操在盒子上写了"一盒酥"三字。正巧杨修进来，看到盒子上的字，竟不待曹操说话就与众人分而食之。曹操问是何故，杨修说："盒上明书一人一口酥，岂敢违丞相之命乎？"曹操听了，虽然面带笑容，可心里十分厌恶。

曹操性格多疑，深怕有人暗中谋害自己，便谎称自己在梦中好杀人，告诫侍从在他睡觉时切勿靠近他，可是一侍从因替他拾掉落的被子而被杀时，杨修喟然叹道："丞相非在梦中，君乃在梦中耳！"曹操听后，心里愈加厌恶杨修，便想找机会除之。

曹操率大军迎战刘备攻打汉中时，双方在汉水一带对峙了很久。曹操由于长时间屯兵，到了进退两难的处境。此时恰逢厨子端来一碗鸡汤，曹操见碗中有根鸡肋，顿时感慨万千。这时夏侯淳入帐内禀请夜间号令，曹操随口说道："鸡肋！鸡肋！"于是夏侯淳便把这句话当作号令传了出去。行军主簿杨修听后立即叫兵将收拾行装，准备归程。夏侯淳见了，惊恐万分，把杨修叫到帐内询问详情。杨修解释道："鸡肋鸡肋，弃之可惜，食之无味。今进不能胜，退恐人笑，在此何益？来日魏王必班师矣。"夏侯淳听了非常佩服他，营中各位将士便都打点起行装准备班师回朝。曹操得知情况后，以造谣惑众、扰乱军心之罪，把杨修杀了。

俗话说得好："聪明反被聪明误。"应该肯定，杨修是一个绝顶聪明的人，问题在于他被聪明所误，处处都要露一手，所谓"恃才放狂"正是如此。不顾及别人受不受得了，不考虑别人讨厌不讨厌，更何况这个人是曹操这个恃才傲物的枭雄，针尖儿对麦芒，杨修这样锋芒毕露、好逞能才能最终送掉了自己的小命。

杨修智慧超群，却因过于自负，不给曹操留一点面子，屡次毫不隐讳地点破曹操的谜局而赔上了自己的性命，未免太可惜了。杨修聪明反被聪明误的故事告诉我们：无视他人的自尊心和心理承受能力，锋芒毕露，咄咄逼人，必然不能赢得他人的好感，甚至会招来他人的忌恨，引火烧身。但凡大智者，无不是"愚"人。只有不失时机地说话，恰到好处地闭口，才能在人际关系中游刃有余。

指点别人要多方审视

孔子曰："三人行，必有我师焉。"这句话说得非常恰当，人毕竟各有所长，"择其善者而从之，其不善者而改之"。人与人的智慧和阅历各有不同，人品及道德也会有高低之分，成就及事业亦有高低之别。因此，每个人都应在合适的范围内，寻找能弥补自己弱点及不足的老师，使自己的智慧得到更大的启发，这样对自己的不断成长、自己事业的早日成功都有很大帮助。而老师的经验及智慧又是我们尽可能赶超别人，尽快实现自我的捷径。其实，每个人从启蒙老师开始，就已拜了很多老师。从广义上说，只要能帮助自己的，能使自我有进步的人都可称为"师"。

但是，在人性中，强为人师、好为人师却并不是一件好事。这里的"好为人师"指的是一些人放不下架子，总喜欢当别人的老师，喜欢指指点点而无所顾忌，喜欢指责别人的过失及错误，不顾具体的实际情况而大谈自己当年的经验，一说起话来就是"想当年，我……"，拿自己的经验吓唬人，以一种师者的身份自居。其实这样做，使真正能对他心服口服的人却很少，甚至没有。

追求优越感是我们每个人都向往的事。不论是强者还是弱者，不论有没有资格成为老师的人，都想让别人承认他，都想追求一种超过别人的优越感。而你一旦好为人师，就让他人的优越感降低了一截，给他的自尊心泼了一瓢冷水，这样会造成对别人的威胁。从人性上来讲，他会本能地保护自己而坚决抵抗你，排斥你的出现。另外，我们每个人都有一个自尊，都有一个自我。当自我受到否定时，人体内会自动产生一种自我保护机制，将自我包得严严的，以防止他人的入侵。因此，似乎你的说教也没起到任何作用，这种损人而不利己的事，你何苦去做呢？

在日常工作和生活中，也许我们常常是出于友善和热心而特意给别人很多的指点和帮忙，但我们得到的回报却往往是冷漠甚至讥讽。人们总是认为你的热心是好为人师，是对他人的智慧和能力的一种否定，因此他们不但不会按你的指点去做，甚至还会认为你是在和他抢功劳。总之，他们是不会领你的好意的，而且这也会令彼此产生很大的失落感和不满，这又何苦呢？

如果你在特定的情况下非得为人师不可,那你应注意以下几个方面:

一、注意你和你建议对象间的关系。除非是建立在平等的基础之上,而且关系颇为密切的知己朋友,其他一般的朋友或同事最好不要这样直接指责或建议对方。因为只有关系密切的朋友才不会把你当成外人,才有可能认为你是为他好才这样做的,才有可能听从你的建议。否则,一般关系的人总会建立起他的自我保护机制,与你抗衡,使你的指责和建议成为白费。

二、注意你的身份和社会地位。如果你在家中是长辈或享有德高望重的社会地位,那么你的建议或指责便会很有分量,对方也会考虑到若自己不听从你的建议会招致什么样的严重后果,从而会慎重考虑,三思而后行。如果你不是某方面的权威也没有崇高的社会地位,那这时候你就不要随意发言,万一对方听不进去,还会以秽语辱没你的身份,冷嘲热讽你的人格甚至有些小人还会打击报复你。所以为人师时你最好先掂量一下自己的身份和社会地位后再开口。

三、注意你建议的内容。你建议的内容可以是工作方面的,也可以是生活方面、处世方面的,但千万不要涉及对方的隐私。因为拥有个人隐私已被看成个人权利的高级形式,尽管中国人以前不是很注意这方面的问题,但近年来,随着个性解放的发展,中国人已对隐私非常看重了。他们把隐私看成神圣不可侵犯的至高权利,一旦你触及了对方的隐私,那你肯定是要吃官司的,所以要尽量不触及对方的私生活和个人隐私。

四、注意你提建议的方式及当时的情景。这时你尽量要委婉含蓄,不要直来直去,因为直语容易伤人,用比喻的方法或委婉的规劝则给人以受尊敬的感觉,要动之以情,晓之以理,谆谆善诱,而不是出口伤人,生硬直白。注意当时的环境,是指不要在大庭广众之下向对方提出建议或批评,要选择一个时机,最好是两个人坐下来,私下交流意见,这样会更好。

总而言之,最好去拜人为师,而不是好为人师,特别是当你在某方面无德无才,没有让别人敬佩的一技之长时,切忌盲目为人师。

忍者无敌

20 世纪 80 年代,加拿大前总理特鲁多在下野后向邓小平请教复出的秘诀,邓小平的答案是"忍耐和信仰"。正是凭着这个秘诀,邓小平三次被打倒,又三次复出,而且一次比一次获得更大的成功,被西方人称为"打不倒的东方小个子"。

忍,是一种有韧性的战斗,是一种永不败北的做人策略,是战胜人生危难和险恶的有力武器。正是这个"忍"字,使一度被打倒的邓小平再度复出,也正是这个"忍"字,教会了加拿大那位前总理人生的秘诀,使他在下野以后又重新焕发了政治生机,再次获得总理的宝座。

在中国,"忍"字更是成了众多有志之士的人生哲学。越王勾践也好,韩信也罢,都曾忍受过凡人所不能忍受的耻辱,但最终渡过了难关,成就了大业。清代人金兰生在《格言联璧·存养》中说:"必能忍人不能忍之触忤,斯能为人不能为之事功。"

战国时期,有一位出生于魏国的范雎,因家境贫穷,开始时只在魏国大夫须贾手下当门客。有一次,须贾奉命出使齐国,范雎作为随从前往。到了齐国,齐襄王迟迟不接见须贾,却因仰慕范雎的辩才,叫人赏给范雎十斤黄金和美酒,但范雎辞谢了。须贾却由此产生了疑心,认为范雎是把秘密情报告诉了齐国,才使齐国赠送礼物给他。回国后,须贾将自己的疑心告诉了魏国宰相魏齐。魏齐下令把范雎传来,用竹板责打他,将其肋骨打折了,牙齿打落了。范雎装死,被人用草席卷起来,丢在厕所里。接着魏齐设宴喝酒,众人喝醉了,轮流朝范雎身上小便。再后来,范雎设法逃出魏国,改名换姓,辗转到了秦国,当了秦国的宰相。

忍,实在是医治磨难的良方。忍人一时之疑,一时之辱,一方面是脱离了被动的局面,另一方面也是对意志、毅力的一种磨炼,为日后的发愤图强、励精图治、事业有成奠定了正常情况下所不能获得的基础。

现实生活本身并不全然是理性的,其中也充斥着很多无奈的逻辑。譬如,某些人的性格带有攻击性,这就意味着这些人往往无端地挑衅。如果我们对所有的攻击都施之以反击的话,那我们生活的环境将充满火药味,于健康何益?

忍让者,忍耐也,谦让也。一般说来,社交过程中产生什么矛盾的话,双方可能都有责任,但作为当事人应该主动地礼让三分,先从自己方面找原因。忍让,实际上也就是让时间、让事实来"表白"自己。在社交中取忍让的态度可以让很多事情得到"冷处理",使对方摆脱相互之间无原则的纠缠和不必要的争吵。

俗话说:“不如意事常八九。”期望爱情甜蜜者,难免有失恋的苦恼;一向和谐的家庭,也免不了“炒勺碰锅沿”;被认为可信赖的朋友,偶尔的误会也可能产生隔膜;为事业而奋斗拼搏,也许会遭到平庸者的嫉妒……生活中的这些“不如意”,常常检验着一个人的修养水平:有人泰然处之,从容对待,以真诚化干戈为玉帛;有人则怒形于色,耿耿于怀,因褊狭积小怨为仇端。学会忍让,这看似极简单的事儿,却有化解你生活中各种各样烦恼的神力,使你在人生的路上充满信心、愉快和阳光。

那么如何才能达到“忍”的最佳境界?

一、经常明确地意识到目标的存在,使自己为了达到这个目标而不断提高运用头脑思考的能力。

二、尝试着去了解自己做每一件事情的意义所在。一旦了解,那么你对工作所持的态度就会从“应该做”进入“必须做”这种积极的意识形态。如此一来,必能减少工作时的紧张感和压迫感,从而愉快地完成工作。否则,一味地强迫自己去做不喜欢的事情,不但会增加很多麻烦和痛苦,而且精神上也很容易因疲劳而变得毫无效率可言。

三、培养安于困境的耐力。一个人在面对困难的处境时,常常会表现出逃避的倾向,但是为了能够做自我控制,就必须忍耐这种困境所带来的痛苦。时间一久,你自然就会在不知不觉中培养出一种安于困境的耐力,而能够全神贯注地工作。

四、学习抑制冲动的情绪。这件事乍看之下似乎很难,但是只要我们稍微冷静地加以分析,便可以发现,要抑制冲动的情绪事实上是很简单的。不过,对于比较强烈的冲动或欲望,还是应该选择一个适当的时机,使它们尽量地发泄出去,这样比较妥当。

按照上面所叙述的方法,经常不断地作自我训练的话,很快你就会在潜意识中自然地进入“忍”的最佳境界。

“忍”与“术”

汉初三杰,张良居首。汉高祖刘邦曾说:“运筹帷幄中,决胜千里外,子房(张良别号)功也。”

单从“运筹帷幄，决胜千里”的字面含义来看，你可能会误以为张良对于汉得天下的主要贡献在于军事，认为他不过一个高明的军师而已。其实不然，张良是帝王之师，是开国皇帝刘邦之师。苏轼在《留侯论》一文中说：“观夫高祖之所以胜，而项籍之所以败者，在能忍与不能忍之间而已矣。项籍惟不能忍，是以百战百胜而轻其锋。高祖忍之，养其全锋，而待其毙，此子房教之也。”

张良个人忍耐的功夫见于他和圯上老父三次相约会面的故事。第一次巧遇老父，那老人要他去拾掉到桥下的鞋子，张良原本想殴打老人，可转念一想，对方是个老人家，便勉强忍住给他拾起了鞋子，甚至单跪一腿替老人穿上。老人去而复返，高兴地说“孺子可教”，约张良五日后相见，后又再次以张良迟到为由而改期相试，最后终于授予他太公兵法。

这个从忍中得到的奇缘，使张良终身不忘忍字诀，并以此教人律己。不过，张良的忍功不是消极的，而是等待良机。刘邦在和项羽相约分兵入关时，刘邦原要以全力攻取峣关，张良劝说：“秦兵尚强，不可轻。”让刘邦暂时忍住，不要硬拼，等到以重金打动秦将叛变，再趁士卒心向不定之机进兵夺关。张良在这一役中，先是以忍保存实力，等到机会来临，再乘势取胜。

张良的这种“忍”功是和“狠”功相辅相成的。起手要忍，下去要狠，因机乘势，方可取胜。

在政坛、商界上，成功的人都能明白“忍”的重要性。能忍得住，狠得下，自然稳操胜券。

至于“因机乘势”的功夫，张良也运用得当。其关键在于张良忍到狠处能狠，另一功夫则在于“静”。张良的静，正是老子的“致虚极，守静笃“之“静”。张良少私心，无利欲之念，所以不急功近利，不患得患失，能对大事泰然观察判断，往远看，往深想，犹如下棋，比对手多想多看了许多步，焉能不胜？因为无私欲，张良才敢不计君主眼前的喜怒，说服刘邦压制进攻的冲动，等待更佳的机会。所以，单凭“忍”字，张良的运筹不见得能达成目标，得必须加上“静”字。

或许过分强调忍与狠的功夫，使人不免觉得张良是个城府极深、心机阴毒的人。这一点，又可用老子的学说来解释。老子说：“弱者，道之用。”老子主张的用弱守柔是因机乘势的重要前提，是从自然与人生的运行道理中归纳出来的。这种功夫，不止于“术”的层次。

“弱者，道之用”。能贯通其至理的人，其涵养功夫必须达到“道”的境界。张良便是这等高超人士。所以刘邦信服张良，主要在于张良的至诚感召。

以至诚、无私之心对事对人，虽“忍”不阴，虽“狠”不毒。运用奇谋，因机乘势。只见其智计之巧妙，不致有险诈之感觉，此中学问，变化无穷，基本精神，贯之始终。

伏藏的重要性

一个人拥有高智商、强能力，固然是件好事，可以说是上天赐予的良好天赋。有了它，你便可以在社会竞争中如鱼得水，游刃有余。

然而，由于事物的复杂多样，环境的不断变化，在某些时候，利与弊会不知不觉地转换。这就要求我们必须随时以清醒的头脑注意了解自己，掌握对方和自己周围环境的情况，权衡你的利和弊，

《阴符经》说：“性有巧拙，可以伏藏。”它告诉我们，善于伏藏是制胜的关键。一个不懂得伏藏的人，即使能力再强、智商再高也难以战胜对手，甚至还会招来杀身之祸。

而伏藏又可分为两层：一层是藏拙。这是一般意义上的伏藏，也是最常用的。藏住自己的弱点，不给对方以可乘之机。

而更高明的是藏巧，下面这两个故事就是藏巧的范例。

汉高祖时，吕后采用萧何之计，谋杀了韩信。高祖正带兵征剿叛军，闻讯后派使者还朝，封萧何为相国，加赐五千户，再令五百士卒、一名都卫做相国府的护卫。

百官都向萧何祝贺，只有陈平表示担心，他暗地里对萧何说：“大祸就要开始了。皇上在外作战，您掌管朝政。您没有冒着箭雨滚石的危险，皇上却增加了您的俸禄和护卫，这并非表示宠信。如今淮阴侯（韩信）谋反被诛，皇上心有余悸，他也有怀疑您的心理。我劝您辞掉封赏，拿出所有家产去辅助作战，这样才能打消皇上的疑虑。”

一语惊醒梦中人。萧何依计而行，变卖家产犒军。高祖果然高兴，疑虑顿减。

这年秋天，黥布谋反，高祖御驾亲征，此间派遣使者数次打听萧何执政的情况。使者回报说：“正如上次那样，相国正鼓励百姓拿出家产辅助军

队征战呢。”

有个门客知道了，对萧何说：“您不久就会被灭族了！您身居高位，功劳第一，便不可再得皇上恩宠。可是自您进入关中，一直得到百姓拥护，如今已有十多年了，皇上数次派人问及您的原因，是害怕您受到关中百姓的拥戴。现在您何不多买田地，少抚恤百姓，以此来自损名声呢？皇上必定会因此而心安的。”

萧何认为有理，又依计行事。

高祖得胜回朝，有百姓拦路控诉相国。高祖不但没有生气，反而高兴异常，也没对萧何进行任何处分。而比起萧何来，王翦更胜一筹。

战国末期，秦国老将王翦率领六十万秦军讨伐楚国，秦始皇亲自到灞上为王翦大军送行。临行前王翦向秦始皇提出了一个请求，请求秦始皇赏赐给他大量土地宅院和园林。

秦始皇很不明白王翦的意思，不以为然地说：“老将军只管领兵打仗吧，哪里用得着为贫穷担忧呢？”

王翦回答说：“君王的大将往往立下了赫赫战功却得不到封侯，因此趁着大王还宠信我的时候，请求大王赏给我良田美宅，好作为我子孙的家产。”

秦始皇听后觉得这点要求微不足道，便一笑了之。

王翦带领军队挺进函谷关，心里却还惦记着地产的事，接连几次派人向秦始皇提出赏赐地产的要求。王翦手下的将领们见他率兵打仗还念念不忘田宅，觉得不可思议，便问他说：“将军如此三番五次地恳请田宅，是不是做得太过分了吗？”

王翦答道：“不过分。秦王这个人生性好猜疑，不信任人，现在他把秦国的军队全部让我统领，我不借此机会多要求些田宅为子孙们今后自立做些打算，难道还要眼看他身居朝廷而怀疑我有二心？”

第二年，王翦率领的军队攻下了楚国，俘获楚王负刍。秦始皇十分高兴，满足了王翦的请求，赏给他不少良田美宅、园林湖地，将他封为“武成侯”。

保存你的能量是一种藏巧。在大多数的情况下，才不可露尽，力不可使尽。即使有知识，也应适当保留，这样你会加倍地完善。永远保存一些应变的能力以适时救助，比全力以赴更珍贵。深谋远虑的人总能稳妥地驾驭航向。

含蓄点，不要锋芒太露

孔子曰："人不知而不愠，不亦君子乎？"可见人不知道我，我心里一定会不高兴，这是人之常情。尤其是年轻人，总是希望别人能在最短的时间内就知道自己是个不平凡的人。要让别人知道自己的最有效办法当然是先要引起大家的注意，而要引起大家的注意，只是从言语或行动方面努力的话，会很容易在言行或举止方面锋芒毕露。

锋芒是刺激大家的最灵验的方法，但是如果仔细看看周围一些有人缘的人，你会发现，他们与你完全相反。"和光同尘，毫无棱角"，言语如此，行动也是一样。他们各个深藏不露，表面上看好像他们都是庸才，其实他们的才能颇有出于你之上者；他们各个都看似很讷言，其实其中颇有善辩者；他们各个都貌似无大志，其实颇有雄才大略而不愿久居人下者。但是他们却不肯在言谈举止上表露锋芒，不肯做出众人物，这是什么道理呢？

有句俗话说得好，"人怕出名猪怕壮"。因为他们有所顾忌，言语露锋芒，便很容易得罪旁人，得罪旁人便会为自己前进制造阻力，为自己成功制造破坏者。行动露锋芒，便要招惹旁人的妒忌，旁人的妒忌也将成为你的阻力，成为你的破坏者。如果你的四周都是你的阻力或你的破坏者，在这种形势之下，你的立足点就会被推翻，哪里还能实现你的成功？

年轻人往往会狂妄自大，树敌太多，与同事之间不能和睦地相处，究其原因，就是因为在语言表达及行为举止上锋芒太露，以致影响到他人。言语、行为之所以锋芒太露，是急于表现自己的缘故，这也是遭人妒忌的最大原因。

某君年轻时候以具有"三头"自负，即笔头写得过人，舌头说得过人，拳头打得过人。在学校读书时就已是一员猛将，不怕同学，不怕师长，以为谁都不及他。初入社会后他还和在校时一样的锋芒毕露，以致得罪了许多人。但是还好总算觉悟得快，一经好友提醒便连忙负荆请罪，倒也消除了不少的嫌怨，但是无心之过仍然难免，结果终究还是自己遭受挫折。俗话说，"久病亦如医"，他在受足了痛苦的教训后，才知道言语露锋芒和行动露锋芒就是自己为自己的前途设下荆棘。有时为了避免再犯无心之过，他就故意效法古人三缄其口，即使不得不开口，也是万分谨慎。虽然"矫枉者必过其正”,但是要掩盖先天的缺点,就不能不如此。

当然,你也许会说,如果让你三缄其口,办法不是永远没有人知晓自己了吗?其实只要一有表现自己才能的机会,你把握住它,并做出过人的成绩来,大家自然就会知道你、赞赏你。这种表现本领的机会不怕没有,只怕你把握不牢,只怕做出来的成绩不能令人特别满意。你如果已经具有真实的本领,就要留意表现的机会,如果还没有,那就要赶快准备。

《易经》上说:“君子藏器于身,待时而动。”无此器最难,有此器不患无此时。锋芒对于年轻人来说害处很大,而好处却很小。这种锋芒好比是额头上长出的角,很容易触伤别人。如果你不去想办法磨平自己的角,时间久了别人也必将去折你的角,而角一旦被折,其伤害也就大了。

厚脸“露丑”,胜过巧妙掩饰

人的心理通常都是隐恶扬善的,所以他们潜意识里会想尽办法掩饰自己的缺点,宣扬自己的优点。但你的显摆往往会让他人不屑,因此,如果有人明白地指出自己的缺点,反而会让人觉得他很诚实而对他产生信赖感。

在待人处世中,假若你能将自己的缺点明白地表示出来,往往更能得到别人的信赖。但这并不是说要将自己的缺点一五一十地全都说出来,因为这样做不但得不到上述效果,反而会破坏自己的形象。那么应该怎样做效果才好呢?善于待人处世的人认为,“露丑”除了需要良好的心态之外,以下三点也会起到不错的效果:

其一,你可以透露自己的缺点,但不能太多,顶多透露一两项无关紧要的小缺点就行了。

以前宣传先进模范人物为什么效果不佳?就是因为把他们无限度地夸大了,说成了不食人间烟火的“完人”,使人根本没办法效仿。有少许小缺点的人,反而给人的感觉是“虽然有缺点,但大体上很好”。这样的人往往更能获得别人的信赖。

据说有一次,一位外国人去旁听美国加州大学一位著名教授的演讲。当这位教授介绍了他所做的老鼠实验的结果后,有一位学生突然举手发问,提出了他的看法,并问这位教授假如用另一种方法来做,实验结果将会如何？所有的听众全都看着这位教授，等着看他如何回答关于这个他根本没做过的实验的结论。结果这位教授不慌不忙、直截了当地说："我没做过这个实验，我不知道。"

一般人都有不想让别人看出自己弱点的心理，因此觉得很难开口说"不知道"。岂不知有时承认不知道，反而可以增加人们对你的信任。因为直截了当地说"不知道"，会给人留下非常诚实的印象，特别是敢于当众说"不知道"，其勇气足以让人佩服。这样，人们对你所说的其他特点，会认为一定是千真万确的，因此对你也就会更加信任。此外，通过说"不知道"，也拉近了你与众人的距离，使你在可信的同时显得更加亲切。

其二，不仅要善于改变自己的生活习惯和性格，而且要善于运用自身的弱点来施展计谋，为自己所用。

在《三国演义》中，张飞与酒结下了不解之缘。他逢酒必饮，每饮必醉，每醉必出事端，不是打人就是误事，应该说这是张飞自身的一大弱点。这个弱点，多次给对手留下可利用的空当。例如《三国演义》第十四回，当张飞守徐州时，刘备曾一再叮嘱张飞不要饮酒或少饮酒。但刘备刚走，张飞就大饮特饮起来，酒后又痛打曹豹，结果吕布乘机杀进城来时，他的酒还没醒，因此就把徐州给丢了。然而，随着张飞在战争中锻炼得比较成熟之后，他的弱点却变成了迷惑对方的一种招数。张飞宕渠山战张郃就充分表现了这一点，颇能给人以启迪。

《三国演义》第七十回中写到，张飞战败张郃之后，挥军乘胜追袭，一直赶到宕渠山下。张郃利用有利的地势据川守寨，坚持不出，一连"相踞五十余日"。张飞无计可施，于是就在山前驻营扎寨，每日饮酒，而且饮至大醉，坐于山前辱骂。刘备得知后，大惊失色，急忙找孔明商议。诸葛亮不但没有惊慌，反而立即派魏延送去三车好酒，还在车上插着"军前公用美酒"的大旗。张飞得到美酒之后，不但自己嗜酒无度，还把美酒摆在帐前，"令军士大开旗鼓而饮"。张郃在山上见此情景，再也按捺不住杀敌的心情，便带兵乘夜下山，直袭蜀营。当张郃冲进张飞的营寨时，见帐中端坐着一位大汉，举枪便刺。哪里想得到刺倒的竟是一个"假张飞"—草人。结果，张郃中了张飞的埋伏，被打得落花流水，曹军的宕渠寨、蒙头寨、荡石寨全被张飞夺得。

事实证明，一个人的特点及习惯性格，最容易使对手形成一种思维定式。聪明者若能有自知之明，就此用计，可以出其不意，将对手诱入自己的圈套。张飞素以饮酒误事闻名，而这次作战他却利用"喝酒误事"把骁勇善战的张郃诱出了宕渠山，真可以说是酒中出奇谋！可见，一个人若能够正确地认识自身的弱点，并顺势加以利用的话，弱点常可以转化为用谋的一种绝技。

其三，在待人处世中，一个人的缺点和不足，甚至生活习惯和性格上的弱点，都会成为对方利用或突破点。但如果巧加利用，一个人的弱点和不足也往往可能使其获得成功。

三木武吉曾经是日本很有名的政治家。二战后的第一次竞选时，他曾到备川县的高松市去讲演。当他讲到"战后的日本怎样才能马上恢复建设"时，突然，听众席中传来一个妇女的喊声："喂，三木武吉，你不是娶了6个老婆吗？像你这样的人怎么能搞好日本呢？"

三木武吉听后没有惊慌，而是镇静自如地回答道："这位女士说的对，确实如此，我年轻时是个享乐主义者，娶了好几房妻子，而且战争中也常带着她们东躲西藏地避难，这可以说是男人的劣根性。但现在，她们都已经人老珠黄，不中用了。但如果现在我把她们抛弃了，今后谁来养活她们呢？还有一点你说的不正确，是 7 个，不是 6 个。"听了他的回答，全场立即响起了热烈的掌声。选举的结果是三木武吉以高票当选。这里，三木武吉就是巧妙地利用了自己的错误，赢得他人的同情并获得成功。

在风光秀丽的菲律宾首都马尼拉市，有一家世界上唯一的"矮人餐馆"。餐馆里上至经理，下到厨师和服务员都是身高不过 1.3 米的矮人，最矮的只有 0.67 米。他们以奇特的服务方式吸引了顾客。

当顾客来到餐馆时，马上会受到一位头大身小的矮人的热烈欢迎，他们笑容满面地向顾客递上擦脸毛巾。当顾客在舒适的座位上坐定后，又会有一位矮人服务员捧着几乎与自己身高相等的、精致的大菜谱，请顾客点菜。由于他动作滑稽可笑，顾客们拿菜谱时往往都笑得合不拢嘴。矮人殷勤周到的服务，使人顿增食欲，赞不绝口。

这个餐馆的老板是来自美国的吉姆·特纳，他的身高只有 1.1 米，是个名副其实的侏儒。初到马尼拉时，这里餐馆林立，酒店如云，各家竞争十分激烈。他开始经营餐馆时，并没有想到搞什么惊人的绝招，只是招了一些年轻的姑娘和小伙子当服务员。这个做法与别家餐馆相比没有什么特点,结果顾客越来越少。雄心勃勃的吉姆下决心要将餐馆彻底改革,他说:“在竞争中,经营者如果没有惊人的绝招,就只好和失败为伍了。”

吉姆日思夜想,认为办餐馆的第一点就是要使顾客惊奇。可怎样使顾客眼前一亮呢?

一天,他在大街上行走,忽然有个大头颅、小身子的矮人映入眼帘。这矮人看上去最多有1米高,相貌十分有趣,这样的人平常很难碰上。对呀!如果用这样的矮人当餐馆服务员,顾客准会感兴趣。吉姆灵机一动,一套完整的计划在脑中形成了。他把这个人拉住,问道:“你叫什么名字?”“比鲁。”“你愿意帮我开餐馆吗?我可以让你当经理。”“愿意,先生。”比鲁答应得很干脆。第二天,比鲁帮吉姆在报上登了一个招聘矮人的广告,待遇优厚。没过几天就形成了一支以比鲁为首的“矮人队”。这些矮人有的当厨师,有的当会计,有的当服务员。“矮人餐馆”让顾客在好奇中感到温暖、舒适,在愉悦中享受了一顿美餐。这种世界上独一无二的餐馆大大震动了同行。没过多久它的奇妙之处就闻名遐迩了,各国旅客竞相而来,为的是就在那度过一段愉快的时光,其他餐馆只好甘拜下风。

矮小自然是人的短处,但是吉姆·特纳却采用了“逆传统”的做法,适应一些顾客追求“新、奇、特”的心理,出奇制胜,让矮变“长”,由此取得了巨大的成功。由此可见,只要正确认识自己的缺点和不足,并巧妙地加以利用,化短为长,变弊为利,弱点和不足也可以帮助你获得成功。

掌握“推”的艺术

历史的经验和文学名著中人物的结局都告诉世人一个道理:在待人处世中,万不可把事做绝,要时时处处为自己留下可以回旋的余地,就像行车走马一样,你一下子奔驰到山穷水尽的地方,调头就不容易,而你留有一些余地,调头就容易多了。俗话说,“过头饭不可吃,过头话不可讲”,是很有道理的。另外,在大多数情况下,要特别注意才不可露尽,力不可使尽。在办任何事的时候,都要多用点“太极推手”的功夫,永远保存一些应变的能力。

在待人处世中,特别是在管理活动中,“推”是一项经常运用的管理艺术,其基本含义是:在推行既定目标或新的举措过程中,对所遇到的诸多障碍因素不采取直接的消除措施，而是运用时空的自然跨度，促使障碍因素的自我化解或消除，从而促成与上司意志相一致的行动。

虽然也有人把“推”的艺术同优柔寡断等同起来，与当机立断、果断处置相对立，但实际上，这是把消极等待与管理活动中的“推”混为一谈。

“推”的艺术既有明确的目标，又有实现目标的行为。“推”的艺术的产生和运用，在主观上不是因管理者的主观冲动，更不是因管理者的无能而导致的失控。恰恰相反，它是管理者全盘把握、合理控制的高超策略和审时度势的能力在管理行为上的集中反映。

“推”的运用范围十分广泛，大到宏观决策，小至一次谈话，长到几年，短至几分钟，甚至某一瞬间的几十秒钟都有可以成为“推”充分运用的时空。在待人处世中巧妙运用“推”的艺术，需要把握以下两个要点：

第一，要掌握好“推”的时机。

当有人提出某件事情要求处理时，你对这件事情一无所知或情况不明，难以作出正确的判断和处理。在这种情况下，你不能简单地给予肯定或否定的回答，而应该：“让我了解一下情况再答复你。”这时“推”的目的是为了把事情的来龙去脉搞清楚，然后再做决定。

身为上司，对于属于自己下属职权范围内的事情，如果下属能够自行处理的，千万不要越俎代庖，取而代之，而应“推”给下属，以免因承担不必要的任务而影响了自己的正常工作。对下属没有把握或感到无力处理的事情，上司也不要急于插手，可先让下属拿一个初步的处理意见，在此基础上，再对其进行指导和纠正。这样，既可以发挥下属的作用，又可以锻炼下属解决实际问题的能力，达到培养和提高下属的目的。

第二，要掌握好“推”的火候。

“推”的艺术运用与否，有其自身内在需求和运用范围，不可不看条件和对象乱用，否则会如同守株待兔一般得不偿失。用一句形象的话来概括“推”的艺术，就是“火候”二字。所谓“火候”，就是因势而动，如何运用，不外乎以下几个方面。

1、要根据客观实际灵活地采取适当的方法。上司对推行某一决策过程中的问题不太了解，不熟悉；或是所遇到的矛盾非常尖锐；或是在讨论会上一时达不成一致意见；抑或通过的人数超过不了半数；或是群众和下级对你的意图暂时不能服从等等，诸如此类的问题就要采取“悬球法”，把问题暂时搁置起来，先放一段时间，待眉目清晰后再行处理。

在班子内部或下属中，常常会遇到一些个性突出难与他人相处的人，或固执古板，或举止粗俗，或恶语伤人，或针锋相对，使上司陷入无谓的纠缠中。因而，应采取“推”的艺术，让时间和事实说话。

2、身为据有权柄的上司，在实际工作中，一定要分清事情的轻重缓急。对急需处理的事情，就应立即处理，不可随便往外推，因为推了不仅要误事，而且还有可能影响到自己的事业和公司的利益。因此，该自己办的事，不要推给别人，该现在办的事绝不拖延时间。

3、要看对象，因人而宜。处理问题，一定要考虑到当事人的个性特点，看其接受程度如何，“推”能不能取得预期效果，达到预期目的。如果当事人接受不了，容易产生逆反心理或误解，就会加深矛盾，甚至会发生新的问题。比如，性急的人不到黄河心不死，鲁莽的人自我控制能力比较差，遇到这种类型的人，最好不要推，因为推了只会使矛盾加剧，甚至激化，产生难以想象的不良后果。

4、要看火候，适可而止。在实际工作中，有的事情可以“推”下去，一推到底，不言自明；而有的事“推”到一定程度就要适可而止，因为事物随着时间的推移会不断发生变化。因此，“推”不是放手不管，一推了之，而是要密切注意观察其发展变化，把握好“推”的火候，适时进行处理，使其达到适时、适度和恰到好处，达到妥善解决矛盾和问题的目的。

当然，在待人处世中，“推”只是巧妙处理一时难办的事务的方法之一，不是不分青红皂白随便乱“推“，要对具体问题作具体分析。

善意的谎言是一种智慧

也许大家都会认为，说谎是一种最要不得的行为，但人与人之间的相处，偶尔还是需要有些善意的谎言的。

阿明在初中毕业后重考了两次才勉强进入高中，后又因好几门功课不及格而被留级。这样一个大家眼中“无可救药“的学生，在十多年后竟成了留美博士，如今在一所大学里担任教授。

谈到他如何从一个留级生变成一个学有专长的教授时，他是这样讲述的：

升高二那年的暑假，当我接到被留级的通知书后，想到重考了两次好不容易才进高中，结果现在大家都升级了，却只有我还要留在一年级。我于是自暴自弃，每天只想到操场上打篮球，功课比第一年还差。眼看就濒临退学的门槛，但在这时，奇迹出现了。

有一天下午，我逃课去打篮球时，场上有个年轻人要找我玩球。我和他激战了半小时，直到休息聊天时才发现，原来他是我的生物老师。真惭愧，开学都一个月了，我却没上过一次生物课。不过自从这次以后，每次生物课我都不敢再逃了。

后来，在一次实验课下课前，生物老师竟在班上宣布说我写的实验报告很有创意，是一个很有潜力的学生，只要再继续努力，日后必将成为一个生物学家。刚开始我有些不相信，因为我的报告几乎一半以上是抄的，里面的实验步骤我也都没照着做。可是老师说得那么诚恳，一点也不像是在开玩笑。

从那以后，我就开始努力地念书，不但生物成绩领先其他同学，其他科目也渐有起色。高中毕业时我以为自己考不上大学，准备要去找工作。结果我不但榜上有名，而且还考上我的第一志愿 -- 师大生物系。我心里一直很感谢那位老师。若干年后，无意中问起他，到底那次我的报告有何特点，为什么老师要对我大力褒扬呢？

那位生物老师缓缓地说："正如你所说，那份报告如果认真评起分来，只怕连 50 分也不该有。但我也只是想试试，看善意的谎言是否对你更有帮助。如今看你的成就，证明我当初那样做并没有错。"听完他的话，连我自己也傻了。但从此也领悟到善意的谎言比单纯的鼓励效果更好。

正确对待小人

所谓小人，就是那种人品差、气量小、不择手段、损人利己的恶徒。他们动辄溜须拍马、挑拨离间、造谣生事、结仇记恨、落井下石，真是无恶不作。

待人处世中，谁都不愿意与小人打交道，可不管你愿意还是不愿意，总会不可避免地碰到小人。因为那些生活在我们身边的小人，他们的眼睛总是牢牢地盯着我们身边所有大大小小的利益，并随时准备多捞一份。为此他们甚至不惜一切代价使用各种手段来算计别人，真是让人防不胜防。

李林甫是常伴在唐玄宗身边的一个奸臣，其人心胸极端狭窄，容不得别人得到唐玄宗的宠爱。据史书记载，唐玄宗有个喜好，他比较喜欢外表漂亮、一表人才、器宇轩昂的武将。有一天，唐玄宗在李林甫的陪同下在花园里散步，远远看见一个相貌堂堂、身材魁梧的武将走过去，玄宗便感叹了一句："这位将军真漂亮！"并随口问身边的李林甫那位将军是谁，李林甫支吾着说不知道。此时他心里很慌张，生怕唐玄宗喜欢上那位将军。事后，李林甫暗地里指使人把那位受到唐玄宗赞扬的将军调到一个非常偏远的地方，使他再也没有机会接触到唐玄宗。从这里也可以看出，小人的行为真是让人莫名其妙，其心眼极小，为一点小荣辱都会不惜一切，干出损人利己的事来。

小人是琢磨别人的专家，敢于为芝麻大小的恩怨付出一切代价，因此在待人处世中如何与小人打交道，还真得有一套行之有效的方法才行：如果你既不想把自己降低到与小人同等的地步，也不想与小人两败俱伤的话，那就"糊涂"点，不奉承他，也不得罪他；或者惹不起躲得起，尽量不与小人发生正面冲突。一句话，如果没有必要，就别得罪小人。

为大唐中兴立下赫赫战功的唐朝名将郭子仪，不仅在战场上战胜攻取，得心应手，而且也是一个特别善于对付小人的处世高手。郭子仪与小人打交道的秘诀就是"宁得罪君子，不得罪小人"。一次，有个叫卢杞的官员前来拜访生病的郭子仪。此人乃是中国历史上声名狼藉的奸诈小人，相貌奇丑，生来就一副铁青脸，脸形宽短，鼻子扁平，两个鼻孔朝天，眼睛小得出奇，时人都把他看成是个活鬼。正因为如此，一般妇女看到他这副尊容都不免掩口失笑。郭子仪听到门人的报告，马上下令左右姬妾都退到后堂去，不得露面，他独自凭几等待。卢杞走后，姬妾们又回到病榻前问郭子仪："许多官员都来探望您的病，你从来不让我们躲避，为什么此人前来就让我们都躲起来呢？"郭子仪微笑着说："你们有所不知，这个人相貌极为丑陋而且内心十分阴险。万一你们看到他忍不住发笑，那么他一定会忌恨在心，如果此人将来掌权，我们家族就要遭殃了。"郭子仪对卢杞太了解了，在与他打交道时也做到小心谨慎。后来，这个卢杞当了宰相，极尽报复之能事，把所有以前得罪过他的人统统陷害掉，唯独对郭子仪比较尊重，没有动他一根毫毛。这件事充分反映了郭子仪对待小人的办法既周密又老练，他对待小人的办法可以给人许多有益的启示。

在待人处世中，与小人打交道时务必多留个心眼儿，即使你比对方强大得多，也最好不要与其发生正面冲突，因为同情弱者是人的天性。人们会想，弱者明知打不过强者，为什么会反扑？当然是被逼急了！被逼迫的人，理当获得同情！这就好比当一只小猫扑向大狗时，无论小猫是不是在撒野，总能得到同情。同样的道理，当比你弱小的小人决定拼命，即使你的实力强得多，又有一百二十个道理支持你，也最好不要跟他正面冲突。与小人斗狠是得不偿失的。

小人每个地方都有，这种人常常是一个团体纷扰之所在。他们造谣生事，挑拨离间，兴风作浪，的确很令人讨厌，所以有些人对这种人不但敬而远之，甚至还抱着仇视的态度。仇视小人固然可以显出你的正义，但也容易招惹小人的嫉妒和迫害，因为你的"正义"公然暴露了这些小人的无耻、不义，再坏的人也不愿意被人认为自己"很坏"。

君子不畏流言不畏攻讦，因为他问心无愧。小人看你暴露了他的真面目，为了自保，为了掩饰，就会对你展开攻击。也许你不怕他们的攻击，也许他们也奈何不了你，但你要知道，小人之所以为小人，是因为他们始终在暗处，用的始终是不法的手段，而且不会轻易罢手。你别说你不怕他们对你的攻击，看看历史的血迹吧，有几个忠臣抵挡得过奸臣的陷害？

与卢杞同为宰相的杨炎，是中国历史上著名的理财能手，他提出的"两税法"为缓解当时中央政府的财政危机立下了汗马功劳。后来的史学家评论他说："后来言财利者，皆莫能及之。"可见杨炎确实是个干练之才，受时人的尊重和推崇。

然而，博学多闻、精通时政、具有卓越政治才能的杨炎，虽然有宰相之能，却没有宰相之度。尤其是在处理与同僚的关系上，他恃才傲物，目中无人，特别是对卢杞这样的小人，他压根儿就没放在眼里。两人同处一朝，共事一主，但杨炎几乎不与卢杞有丝毫往来。按当时制度，宰相们一同在政事堂办公，一同吃饭，但杨炎因为不愿与卢杞同桌而食，便经常找个借口在别处单独吃饭，于是有人趁机对卢杞挑拨说："杨大人看不起你，不愿跟你在一起吃饭。"

因相貌丑陋而内心自卑的卢杞自然怀恨在心，便先找杨炎手下亲信官员的过错，并上奏皇帝。杨炎因而愤愤不平，专门找卢杞质问道："我的手下人有什么过错，自有我来处理，如果我不处理，可以一起商量，你为什么瞒着我暗中向皇上打小报告！”弄得卢杞很下不来台。于是，两个人的隔阂越来越深，常常是你提出一条什么建议，明明是对的我也要反对；你要推荐那个人，我就推荐另一些人，总是较着劲对着干。

卢杞与杨炎结怨后，千方百计谋图报复。他深知自己不是进士出身，又面貌奇丑，才干更是无法与杨炎相比，但他凭借阿谀奉承的功夫逐渐取得了唐德宗的信任。

不久，机会来了。节度使梁崇义背叛朝廷，发动叛乱，德宗皇帝命淮西节度使李希烈前去讨伐。杨炎不同意重用李希烈，认为此人反复无常。对德宗说：“李希烈这个人，杀害了对他十分信任的养父而夺其职位，为人凶狠无情，他没有功劳都傲视朝廷，不守法度，若是在平定梁义时立了功，以后就更不可控制了。”

然而，德宗已经下定了决心，对杨炎说：“这件事你就不要管了！”谁知，不会察言观色的杨炎并不把德宗的不快放在眼里，还是一再表示反对用李希烈，这使本来就对他有点不满的德宗更加生气。

不巧的是，诏命下达之后，赶上连日的阴雨，李希烈进军迟缓，而德宗又是个急性子，于是就找卢杞商量。卢杞看到这是扳倒杨炎的绝好时机，便对德宗皇帝说：“李希烈之所以拖延徘徊，正是因为听说杨炎反对他的缘故。陛下何必为了保全杨炎的面子而影响平定叛军的大事呢？不如暂时免去杨炎宰相的职位，让李希烈放心。等到叛军平定以后，再重新起用，也没有什么大关系！”

德宗皇帝果然信以为真，听信了卢杞的话，免去了杨炎的宰相职务。就这样，杨炎因为不愿与小人同桌就餐而莫名其妙地丢掉了相位。

从此卢杞独掌大权，杨炎可就在他的掌握之中了。他自然不会让杨炎东山再起的，便找茬儿整治杨炎。杨炎在长安曲江池边为祖先建了座祠庙，卢杞便诬奏说：“那块地方有帝王之气，早在玄宗时代，宰相萧嵩就曾在那里建立过家庙，因为玄宗皇帝曾到此地巡游，看到此处王气很盛，就让萧嵩把家庙改建在别处了。如今杨炎又在此处建家庙，必定是怀有篡权夺位的谋反野心！近日长安城内到处传言：“因为此处有帝王之气，所以杨炎要据为己有，这必定是有当帝王的野心。”

在卢杞的鼓动之下，勃然大怒的德宗皇帝便以卢杞这番话为借口，将杨炎贬至崖州(今海南省境内)任司马,随即又下旨于途中将杨炎缢杀。俗话说“惹不起躲得起”,杨炎明知道卢杞是个得罪不起的小人,“惹不起”偏不“躲”,为了芝麻粒儿大的小事,喜怒形于色,犯了卢杞内心自卑的忌讳,甚至公开与他撕破了脸面,让他毫无顾忌地与自己相斗,最后遭到小人的暗算,实在是不明智之举!

所以,还是不同小人一般见识为好,和他们保持距离,不必疾恶如仇地和他们画清界线,因为他们也是需要自尊和面子的。此外,当你发现面对的小人不惜牺牲他自己的生命或亲人的生命而与你周旋到底的时候,就算你有理,也最好避一避这个不要命的小人。小人固然厉害,你也并不是怕他, 避开小人完全是因为你根本不值得把太多的精力浪费在一些没有价值的争斗上。一旦把握不好自己的行为界限,得罪小人,他就会想方设法来报复你,破坏你的正事,分散你的精力,使你不能安心工作、学习和生活。

要面子不等于有尊严

面子是什么? 面子是不好意思,是做事的障碍,是写在外面让人无法面对的东西。到底面子该不该要? 很多成功人士的经历告诉我们,为了成就一番事业,这面子还是不要的好。当然,这不是教人厚颜无耻,而是面子在大多情形下实在是人成功的障碍。第一次面试没有成功,就不敢第二次进这个门,因为总觉得见到熟人不好意思;第一次合作谈判毁约在先,如果有些后悔, 就抹不开面子开口要求进行第二次合作; 屡次考试没有成功,就不敢对人说实话,觉得丢人……诸如此类的面子问题不胜枚举。但不要这些“面子”那又该要什么? 要尊严!

什么是尊严?就是做人的尊严、成功的尊严、让人感叹佩服的尊严。当你第一次面试没有成功,没有人会说你什么。如果第二次、第三次面试没有成功,人们只会佩服你,而不会去看你的失败,甚至还有可能认为是美谈。如果你和别人合作谈判毁约在先,应该马上意识到这是一种失策,而努力促成第二次合作, 这样别人会竖起大拇指夸你聪明; 假使你屡考不过,但最终经过努力并在别人的帮助下过了,在别人眼中,你就是个毅力非凡的人……这就是尊严与面子的不同。说了这些后,你应该清楚,到底是要面子还是要尊严了。

李阳现在已经是中国的大名人，还上过2002年的春节联欢晚会，真是风光得很。可是可能很多人还不知道，李阳原先也“不过如此”！

李阳的过去是令他不堪回首的：

他少年时代是一个很内向的人，用最常见的话说是“怕生”。他已经十几岁了，亲戚朋友还不知道李家有这样一个孩子，用“丑小鸭”来形容他是最恰当不过的。比如：只要听到电话一响，他就会躲起来。每次他看电影之后，父亲总是要他复述电影的内容，为了不干这种他不愿意做的事情，他宁愿多年不看自己喜欢的电影。

还有一次他患了鼻炎，父母送他到医院去治疗。在进行电疗的时候，因仪器漏电不小心烧伤了他的脸，由于害羞，他始终忍住疼痛没有告诉医生，至今脸上还有一块小伤疤。

他说，小的时候最害怕的事情就是自己完成不了作业，经常被老师罚站，每次都只好低声认错，可是第二天又故技重演……

李阳曾多次向父母提出要退学，可是父母始终不同意，所以他没有退成，勉强熬到了高中毕业，居然还考上了兰州大学力学系。可是在大学里的李阳还是浑浑噩噩的，丝毫没有改变。按照学校规定，旷课70节就要被勒令退学，可他很快就超过了100节，因此差点被兰州大学请出校门。

那么，李阳的英语是不是特别好呢？

不是！谁能相信今天的英语教师当年连“60分万岁”都办不到，常常都要补考才能过关。

大学二年级的时候，他必须参加全国英语四级考试，否则拿学位证书就危险了。对那时的他来说，读大学为了什么，不就是为了弄一张文凭吗？这次他被逼上了梁山，不得不打起精神，每天早上都去读英语。他本来是一个懒散惯了的人，如今要集中精力，那可不是一件容易的事情。为了集中精力，他干脆跑到兰州大学校园里的烈士亭里放开喉咙大声背诵起英语来。结果这一喊，喊出了李阳的灵感：这样不仅思想不容易开小差，而且效果还不错！他就这样“喊”了几个星期，居然还“喊”出了信心！胆子出来了，他就去了学校的英语角，说出来的英语居然还像模像样的。知道他底细的同学都感到惊奇，急忙向他“请教”妙招。李阳此时已经隐隐约约地感到了这可能是一种奇妙的办法，虽然说不出什么，但是他决心这样干下去。

从那以后，只要有时间，李阳就像疯子一样在烈士亭等地方大喊大叫,不管是刮风还是下雨,不管是晴天还是沙尘天。有时候,为了增加自己的胆量,他居然穿着 46 号的特大美国劳工鞋和肥大的裤子,戴着耳环,在兰州大学的校园里声嘶力竭地喊叫。不管别人怎么看他，他总是我行我素。就这样复述了 10 本左右英文原著后,他在四级考试中得了个第二名。最令他恐惧的英语给他带来了成功的喜悦，他的疯狂故事就这样走出兰州大学,走出甘肃,走向全国……

李阳有句格言:“I enjoy losing face!(我喜欢丢脸!)”李阳的经历就是一个放下面子的经历。

李阳本来是天生的内向,是一种自我封闭的性格。为了挑战自我,他以英语为媒介,走出了成功的第一步。他把自己学习英语的心得和体会写成了四十多页演讲稿,准备拿到演讲馆里去。因为据美国社会学家调查,世界上人们最怕的就是当众讲话。李阳很想突破自我，所以他决心去演讲一面对全校的人。他请同学帮自己把海报贴出去,说是有一个叫李阳的人要搞一个英语讲座。

那天晚上,李阳简直“紧张得要吐”,可是他还是上台了。他虽然气喘吁吁,但终于还是坚持下来了。演讲获得了意想不到的成功!李阳就这样讲出去了,一讲就是几十场,并因此成了校园名人……

虽然丢脸的李阳彻底地丢掉了面子,但却换回了尊严。人们没有看到他丢脸的一面,看到的却是他成功的 - 面:李阳“疯狂英语”风靡全国。

诚信无价

诚信乃立身之本,在社会交往中起着不可替代的作用,没有诚信就无法在社会中立足。古代谋略家都把诚信当作笼络人心的一个重要且有效的手段。

忠、孝、信、义,是历代封建统治者竭力宣扬的伦理道德,也是他们借以维护政权的策略。忠、孝、信、义,可以立身,可以成名,所以臣民会为之而努力,君王的统治也因此而得以维持。历史上的乐毅投奔赵国而不谋图燕王,蒙恬至死不反叛秦国,关羽降归曹操而不忘刘备等等,均为历代封建政治家传为美谈。而君王呢,则采取弘扬信义的方式来取信于人,使君臣之间，相辅相成，谋图大计。同样的道理，在当今社会中，信是第一位的，以信服人不得不服。

建安五年，曹操出兵东征。刘备被迫投奔袁绍，而关羽则为曹操捕获，拜为偏将军。曹操对关羽很尊重，待之以厚礼。后来，曹操发现关羽心神不宁，并没有久留的意思，于是对张辽说："请你去试着问问关羽，看他是否愿意留在这里。"于是，张辽来到关羽的住处，询问关羽的意见。关羽叹息说："我知道曹公对我厚爱有加，但是，我既受到刘备的知遇大恩，并起过共生死的誓愿，是不能背弃信义的。我总有一天是要离开的。但在离开之前，对曹公一定要有所回报。"张辽将关羽的话转告了曹操，曹操很敬重关羽的义气。后来，关羽斩杀了袁绍的大将军颜良与文丑，并解了曹操的白马之围，曹操知道他肯定是要走了，于是，重重赏赐了他。而关羽则把曹操所赏赐的东西，原封不动地包好留下，人却投奔正在袁绍军营里的刘备去了。曹操的部下要去追杀关羽，曹操制止说："人各有其主，不要去追他。"后人对曹操处理这件事的做法表示赞赏，认为曹操赏识关羽对刘备的忠，不胁迫关羽留下而成全关羽的义，具有帝王的气概和风度。在今人看来，曹操这样做，不过是借处理关羽事件以显示其仁义罢了，目的是为了取信于民，图谋霸业。但我们也可由此看出，信义对人际交往是多么重要啊！

成吉思汗以异族身份入主中原后，为了统治的需要，开始提倡忠君思想，以此作为维护统治的精神支柱。他对待归降的将士，凡是背弃和戮杀旧主的，一律处死；凡放走旧主，使之逃跑或为掩护旧主而积极抵抗的，反而以礼相待并予重赏。据历史记载，桑昆曾设计谋害成吉思汗，后来桑昆战败而出逃，他的儿子阔阔出盗走桑昆的坐骑，将桑昆丢弃在荒野上，独自来投降成吉思汗。成吉思汗说："这样的人怎么能叫他做我的部下？"于是杀了阔阔出。

而成吉思汗对王汗却是另一番情形。王汗与成吉思汗奋战三天三夜，最后精疲力竭，准备投降。投降前，王汗对成吉思汗说："请您让我的部下逃得远些，这样的话，您让我死，我便死，赐我活，我就为您效劳。"成吉思汗说："不肯背弃主人，并叫部下逃命跑得远远的，一个人同我厮杀，这难道不是大丈夫作为吗？这样的人可以做我的助手。"可见，忠义在古人心目中的位置有多高。

在春秋战国诸侯纷争天下之际，以信义争取民心的更是屡见不鲜。商鞅在秦国实行变法，法令虽已经制订好了，但还未公布，他担心老百姓不相信，就竖了一根三丈长的木头在南门口，宣布说："谁要是将这根木头扛到北门口，赏赐十金。"老百姓感到奇怪，不敢搬。商鞅又说："能做到的赏给五十金。"这时有一个人扛起木头走到了北门口，商鞅立马赏给他五十金。这样一来，变法的法令一公布，老百姓就相信了。由此看来，商鞅立木是为了立信，以此告示天下，表示自己坚守信用，是为变法鸣锣开道的。

西门豹治邺时，将粮食储藏在民间，与民众说好战争一旦爆发，以鼓为号，民众立即将粮食集中起来。魏文侯不相信，西门豹于是登上城楼，下令击鼓。第一遍鼓响之后，百姓们有用肩背的，有用车装的，迅速把粮食集中了起来。魏文侯说："算了，让他们回去吧！"西门豹说："在老百姓中建立信义不是一天就可以完成的。一旦欺骗了他们，以后就不能再取信于民了。现在燕国侵占了我国的八个城市，我请求让我率军向北反击，以收复被侵占的城池。"于是，西门豹举兵讨伐燕军，收复失地并凯旋而归。

司马光曾经说过："信义是君王的最大法宝。国家靠人民保护，人民靠信义保护，不讲信义，就无法使唤人民，没有人民，就没有办法守卫国家。所以，古代的君王，凡有能力称霸天下的，不欺骗邻国；善于治理国家的，不欺骗自己的臣民；善于持家的，不欺骗自己的亲人；而不善于称王称霸、治国持家的人正好相反，欺骗邻国，欺骗百姓，甚至连自己的兄弟父子也要欺骗。上面不相信下面，下面也不相信上面，上下离心离德，最终导致失败。这岂不是太可悲了吗？"司马氏之言，言之有理。

人际交往中诚信的建立非常重要，只有先示人以诚，各种策略才能有效实行。若失信于人，任你再高明的计谋也无法实现，任何伟大的事业也很难做成。

古人云"君子一言，驷马难追"，"言必信，行必果"。这是做人的学问，也是我们处理好人际关系、树立起自己威信的准则。

天生我材必有用

一部《西游记》迷倒了多少古今中外的读者，唐僧取经的故事如今已是家喻户晓、有口皆碑的千古美谈，特别是孙悟空的形象更是成为中国人的一种精神化身。他不畏艰险、排除万难的精神及放荡不羁的个性和追求自由的气概已经成为勇敢、智慧的化身。也许很多读者都对“悟空”这个名字感兴趣，却不知“悟空”究竟为何意。

“悟”者觉悟也，就是通过静坐、修养而获得大彻大悟；“空”者空空也，佛家认为人的肉体与精神分离，肉体只是一个皮囊，而精神却会转世不朽，所以周围的世界都是四大皆空。我们暂且不论佛家对空的追求和向往，单论佛家的悟，我们是否有所启发呢？我想，就一个人的整个生命而言，我们在某种意义上说都是一位行者，而且是位匆匆的行者。这样说，我们和孙行者的确有很多相似之处。然而，为什么我们中的大多数却是凡夫俗子、平民布衣呢？孙行者是否离我们太遥远以至于成了理想化的事物，让我们只好自叹不如？叹息我们出身寒微、命运不济，还有这世道的阴险与不测。于是我们就自卑，徘徊而不敢向前，于是我们就将自己的命运交给上帝或交给别人，进而就丧失了我们自己。

其实，这种对自我的放纵，实质上是对自我的抹杀和对自我的极不负责，也是极大的罪恶。因为一个人如果对不起自己，那他将如何对得起别人？他又有什么能力去承担对别人的责任和义务呢？所以一个人要想成为行者，最起码要先对自己负责，然后才能谈得上对他人负责。而这种对自我的责任心又来自于何处呢？

让我们先看一看孙行者的所作所为吧。孙悟空，无父无母，石裂而生。他统领群猴，在花果山水帘洞这块福地上过着自由自在、天仙般的生活。为了维护自由，孙悟空漂洋过海学成大道。他神通广大，会七十二般变化，一个筋斗能翻出十万八千里。他大闹龙宫，向龙王索要如意金箍棒，掌握了捍卫自由的有力武器。他抡起铁棒，大闹冥府，勾了生死簿，阎王老子再也管不着他了。最突出的是孙悟空大闹天宫，乱了三界、扰了五行，直打得九星闭门闭户，天王无影无踪。“皇帝轮流做，明年到我家”，定要让玉帝搬出天宫，“若还不让，定要搅嚷，永不清平”。这样一个为了追求个人幸福和自由的离经叛道式的叛逆者使我们由衷地赞赏。赞赏之余，我们便会发现，孙行者的第一成功要素便在于他始终怀着这样一种信念：天生我材必有用。正是这个信念，才使他从芸芸众生中找到了自我，成为自我解放和个性张扬的英雄楷模。正是这种信念促使他形成了勇敢不屈、智慧过人且酷爱自由的个性，才使孙行者在自己的旅程中大放异彩，纵横驰骋。

“长风破浪会有时，直挂云帆济沧海”。唐代伟大诗人李白正是一个具备孙行者个性的典范。李白在40岁时仍未登仕途，直到42岁那年，才终于因为朋友吴筠的推荐被唐玄宗召入京师。在此之前，李白始终怀有治国平天下、想干一番轰轰烈烈大事的大志。可他看不起科举考试，因为这和他“不屈己，不干人”的性格以及“一鸣惊人，一飞冲天”的鸿愿不相符合。但是李白“天生我材必有用”的信念，使他的一生充满了悲壮、浪漫且传奇色彩。这一信念和对自己的负责与尊重，使他成为中国历史上有名的“诗仙”。“诗仙”是李白思想性格的写照，也是对他的诗歌创作的高度概括和总结。李白一生写了近千首诗，读他的诗给人一种飘逸洒脱、清新而浪漫的极完美的享受，而且还有一种绝世超凡、如临仙界的感觉。

这不禁又使我想起了一位大学时的朋友。那时，尽管那位朋友满腹经纶、才华横溢，然而由于当时社会不公正，使他在毕业时不仅没被保送上研究生，还按行政命令被分配到了一个边远的老山区里。命运的打击曾使他心碎而力不能支，他在给我的信中说道：“当我来到这个古老而神秘的山区时，我的眼睛里充满了迷茫和无尽的忧伤……”然而，命运的不济并没有使他丧失生活的勇气，反而激起了他对自我的呼唤和对自己负责的良知。他再也按捺不住自我在心中的翻腾了，于是就以孙行者的格言为标语，在自己的办公室里迈出了他奋斗的第一步。如今，十几年过去了，人到中年的他现在已是深圳某家集团公司的总裁，拥有几亿元的股票和地产。谈到成功的秘诀时，他说：“我始终没放弃过‘天生我材必有用’这一信念。”

也许，生命的匆匆注定了我们大多数人是平凡的，但平凡与伟大是相对的。在有限的生命中，我们始终恪守着“天生我材必有用”的信念，将使渺小的自我变得更有尊严和伟大。

友情有时比金钱更重要

人世间很多的无奈慨叹都源自于金钱的缺乏，在这个无所不至的经济世界中，陶渊明式的田园生活不再成为可能，谁都能感受到随着竞争而来的金钱的强大压力。在一个经济的世界中，金钱时常使人的美好品质被消磨，而现实生活中拜金主义者也为数不少。

我们不倡导拜金主义，因为金钱在我们追求事业成功的道路上充其量不过是个工具。而它之所以有资格成为占据工具的第一位，只是因为大量社会功能与符号的介入。当金钱成为财富与地位的象征时，它对贫穷的精神抚慰便会显得相对的苍白无力，所以在开创事业的道路上，适当地运用金钱，将会为你开辟光明的前景。

然而，金钱是这么一种魔杖：它能成就一个人，同样也可以毁灭一个人。无论哪一个宗教、民族都将“贪欲”列入戒条之中，因为对金钱的渴望应是有限度的。我们不能在步向事业成功的顶峰的路上，将自己锻造成社会学上的机器人。因而，金钱虽然很重要，但我们更需要的是朋友。只有拥有朋友，才能向自己证明作为人类的存在。在冰冷的金钱纸堆中，只有真挚的友情、甜蜜的爱情、血浓于水的亲情才能充盈我们的心灵，升华我们的灵魂。

当“EQ”这个字眼出现在这个世界上，有多少人为之震动。人们迅速作出反应：事业的成功绝不仅仅在于才能，在这个注重人际关系的时代里，情商(EQ)占成功的百分之八十。

所谓“情商”主要的是指与人相处的能力。无疑，“朋友”正是这一能力的最好表现。没有朋友的人，你很难想象他会成功。做人方面的失败，绝不会是任何“成功之母”。

在商场上，朋友往往有两种：一种是生意场上的朋友；一种是人生场上的朋友。这两者有可能存在极为有趣的对立：有时生意场上最强劲的对手往往成为你人生难得的一大知己；有时生意场上的朋友却往往就是相处得最为敷衍的“瞧不起”。但知己也好，“瞧不起”也罢，无论如何，这两种朋友在你的创业道路上都是必不可少的。多一个朋友，就意味着多一份帮助；多一份帮助，就意味着多一份机会；多一份机会，就意味着多一个契机。而契机，正是你梦里寻他千百度的通向成功的关口。

强调朋友的重要并不与看重金钱相悖。相反，只有两者的完美结合，才能真正成就你心中的宏图伟业。毋庸置疑，生意场上的朋友是需要金钱来维持的。对这种朋友，你千万不可吝啬。你的大方，将会使他不能像平时那样斤斤计较、小肚鸡肠，从而使你与他关系和谐，相处融洽。

如果说生意场上的朋友对于事业的成就而言，是个战术上的问题的话，那么人生场上的朋友就具有战略上的意义。因为在你的所有奋斗中，不能没有这类朋友的血汗，不能没有他们殷切的目光；在成功之时，你不仅会有他们的祝贺，更会有他们的“告诫”；在失意之时，你不仅会有他们的默默抚慰，更会有他们的真诚鼓励。这一切的一切，都是金钱所无法给予的。

所以，在创业的路上，我们不讳言看重金钱，但我们应牢牢记住：朋友更为重要。

慎言慎行

在待人处世中，当自己所处的环境强手如林，竞争十分激烈时，为了自己的生存，不妨巧用计谋，让身边的“老虎”斗起来，使他们非但无暇算计你，而且为了各自的利益还可能有求于你。这样，你不但在强手环伺下活得滋润，而且还提高了在众强中的地位，为自己的成功与发展营造了主动有利的局面。

春秋时期，田常作乱于齐国，但又怕齐国内的高、国、鲍、晏等强族的反对，便想立功于外而兴兵伐鲁。孔子为使自己的国家鲁国不遭涂炭，便派高足子贡前往游说，以化解危难。

子贡受命前往齐国，对田常说：“你伐鲁是不对的。因为鲁国是难伐之国，城薄地狭，国君愚而不仁，大臣伪而无用，士兵又不善战，此为不易攻。你不如伐吴。吴国城高地广，兵器精良，士气高昂，又使良将把守，此为易攻。”田常听了子贡这样说，不由大怒道：“子之所难，人之所易；子之所易，人之所难；到底是为什么呢？请你说清楚！”子贡不慌不忙说道：“忧在内者攻强，忧在外者攻弱。你现在是内忧。听说你三次求封而不成，大臣也有不听你的。现在你去破鲁以拓展齐国的地盘，战胜以骄主，破国以尊臣，而国君得不到什么功劳，则与君主交情越来越疏远。这是你上骄君主之心，下恣凌群臣，要想成大事，难矣！再说君主骄则放纵自己，臣骄则争权，这是你上与君主有嫌隙、下与大臣交争的事。如此，你在齐国的处境就很危险了，所以说不如伐吴。如果伐吴不胜，民人外死，大臣内空，这是你上无强臣之敌，下无民人之过，孤立君主而控制齐国的只剩你了。”真是一语点醒梦中人，田常听完，高兴地说：“很好。可是我已经派兵去鲁国，如果现在改而攻吴，大臣怀疑我怎么办？”子贡说：“你先按兵不动，请派我去吴国，叫他们救鲁而伐齐，你因此率兵迎击吴军。”田常接受了这个建议，便派子贡去吴国游说。

子贡到了吴国,对吴王说:“作为王者不绝世,霸者无强敌,千钧平衡之重,一边加上铢两则倾斜。现在强大的齐国想要吞并弱小的鲁国,与吴国争强,这是大王争霸的危险所在。何况大王救鲁,是显名之事,伐齐是获本利之事。如抚慰上诸侯,诛暴齐以服强晋,利莫大焉。这是名存亡鲁,实因强齐,智者不疑的事。”吴王听罢说:“很好。可是我曾经与越国打过仗,越王苦身养士,有袭我之心。你且等我征伐越国以后再按你所说的去办。”子贡说:“越之劲不过鲁,吴之强不过齐,大王放弃齐而伐越,则齐已平鲁矣。何况大王方以存亡继绝为名,伐小越而畏强齐,非勇也。夫勇者不避难,仁者不穷约,智者不失时。王者不绝世,以立其义。现在大王存越示诸侯以仁,救鲁伐齐,威加晋国,诸侯必相率而朝吴,霸业成矣。如果大王畏越国,臣请东见越王,令其出兵以从,此名为有诸侯相从伐齐而实空越,其忧可去。”吴王很高兴地派子贡出使越国。

越王勾践正处于兵败身辱之时,听说子贡来访,赶紧屈身恭迎,问子贡来此的目的。子贡说:“这次我来游说吴王救鲁伐齐。吴王心里以越为患,乃说:‘待我伐越乃可。’果真这样,破越必矣。何况无报人之志而令人疑,拙之;有报人之志使人知之,殆也;事未发而先闻,危也。三者举事之大患。”子贡的话一下子便戳到了越王勾践的痛处,使他不由顿首说:“孤尝不料力,乃与吴战,困于会稽,痛入骨髓,日夜焦唇干舌,徒欲与吴王接踵而死,孤之愿也。”子贡说:“吴王为人猛暴,群臣不堪,国家敝以数战,士卒弗忍。百姓怨上,大臣内变,是残国之治也。您现在应当卑辞厚礼以悦其心,发士兵助他出战以骄其志,其必伐齐。如果吴王战不胜,是您之福。吴王战胜,必去进攻晋。臣请北见晋君,令其出兵攻之,弱吴必矣。吴之锐兵尽于齐,重兵困于晋,而您制其敝,此灭吴必矣。”勾践极为高兴,大谢子贡,子贡不受而去。

子贡又来到吴国, 向吴王汇报说:“我将大王的话告诉越王, 越王大恐,说:‘孤不幸,少失先人,内不自量,抵罪于吴,军败身辱,栖于会稽,国为虚莽,赖大王之赐,使得奉俎豆而修祭祀,死不敢忘,何谋之敢虑! ’”此话先使吴王放心,几天以后,越国助征之兵赶到。吴王大悦,问子贡说:“越王欲随寡人一同伐齐,你看如何? ”子贡怕谎言被戳穿了,便回答说:“不可。夫空人之国,悉人之众,又从其君,不义。君受币,许其师,而辞其君。”

于是吴王没有让勾践随征，而是亲率九郡兵马伐齐。

吴军出动，子贡又来到晋国，对晋君说："臣闻之，考虑不定不可以应卒变，兵不先办不可以胜敌。现在齐与吴将开战，吴战齐不胜，越国必攻吴；吴战齐获胜，必以其兵临晋。"晋君大恐，问："你看我应该怎么办呢？"子贡说："您且养兵休卒以静观待变。"晋君应许，子贡便回到鲁国静等其变。

果然，吴国与齐国战于艾陵。吴国大破齐军之后，以战胜之师攻打晋国，双方战于黄池，吴军大败。越王勾践听说吴军战败，便率军袭吴，与吴军战于五湖，吴王夫差兵败被杀，越王勾践东向中原称霸。司马迁在总结这段历史时说："子贡一出，存鲁，乱齐，破吴，强晋而霸越。子贡一使，使势相破，十年之中，五国各有变。"我们在佩服子贡的谋略的同时，应该看到"说"的巨大作用，因此，在为人处事中，我们切记要慎言慎行。

有位文化界人士，每年都会受邀参加某专业团体的杂志年终评鉴工作，这工作虽然报酬不多，但却是一项难得的荣誉，很多人想参加却找不到门路，也有人只参加一两次，就再也没有机会。问他为何年年有此殊荣，他在届龄退休，不再参加此项工作后才公开其中秘诀。

他说，他的专业眼光并不是关键，他的职位也不是重点，他之所以能年年被邀请，是因为他很会给人留面子。他说，他在公开的评审会议上一定要把握一个原则：多称赞、鼓励而少批评，但会议结束之后，他会找来杂志的编辑人员，私底下告诉他们编辑上存在的缺点。因此虽然杂志有先后名次，但每个人都保住了面子，而也就因为他顾虑到别人的面子，因此承办该项业务的人员和各杂志的编辑人员，大家都很尊敬他、喜欢他，当然也就每年找他当评审了。

在中国人的社会，面子是一件很重要的事，为了面子，小则翻脸，大则会闹出人命。如果你是个对面子不看重的人，那么你必定是个不受欢迎的人；如果你是个只顾自己面子，却不顾别人面子的人，那么你肯定有一天要吃暗亏。

中国人很奇妙，可以吃闷亏，也可以吃明亏，但就是不能吃没有面子的亏。所以在待人处世中，必须了解到这一点，这也就是很多待人处世高手不轻易在公开场合说一句批评别人话的原因。宁可高帽子一顶顶地送，既保住别人面子，别人也会如法炮制，给你面子，彼此心照不宣，尽兴而散。

事实上，给人面子并不难，也无关乎道德，作为社会的一分子，给人面子实际上就是一种互助，尤其是一些无关紧要的事，你更要学会给人面子。至于重大的事，就可以考虑不给了，你不给，对方也不敢对你有意见，他若强要面子，就有可能在最后失去面子！

总而言之，成败皆在一言中，请在说话之前审慎思量，于人于己皆有利。

游走人际，快乐职场

职场如人生，人生如职场。一个小小办公室就是一个小人生，有人生的悲欢离合、喜怒哀乐；它也是一个小社会，里面有着形形色色的人。如何避免交际误区，把握好职场人际关系的原则，是决定我们能否在职场中和生活中如鱼得水的关键，也是决定我们能否拥有一个快乐人生的重要因素。

学礼是做人的先决条件

每个人的形象都是一张名片，而“礼”绝对是名片里的精彩内容。为人、立身、处世，礼是处理好这些关系的“通行证”。

《诗经》说：“谦谦君子，赐我百朋。”“礼多人不怪”是人之常情。

某君是机关的最高领导。高级职员去见他，他不但坐着不动，也不屑回你 一声“某先生”，而且不肯重视你的陈述，真是架子十足。有时不高兴，认为你说的话不对，他竟始终不开口，好像充耳不闻，也始终不对你看，好像视而不见。你得一场没趣，只好颓然退出。他对高级职员如此，对其他下属的态度更是可想而知。对待朋友，他也是似理不理的神气，实在令人难受。古人说：“施绝然声音颜色，拒人于千里之外。”某君正是如此。当他得势的时候，大家只好背后议论，当面还是恭维或者奉承，心里却都是很反感他。他种了这样的恶因，后来形势逆转，某君被迫下台，一时攻击他的人非常之多。当然这其中还有其他方面的原因，但待人傲慢至少是其中的一个重要方面。多礼是必要的。礼是人为的，是后天的，必须要用心去学习，成为习惯后便十分自然了。

学者王先生是以多礼出名的人，他见人必先招呼，招呼必先鞠躬，对朋友如此，对学生也是如此。说话轻而和气，点头不辍，笑容可掬。你如到他卧室或办公室，他总是谦虚地请你坐下来谈，你若不坐，他就始终陪你站着。无论是谁，一与王先生相接触，都会如饮醇酿，无不心醉，所以他的人缘特别好。凡是他的学生，一见他来，立即鞠躬，让立一旁，等他过去。这不是怕他，而是敬他，而敬他完全是由于他的多礼。有人认为多礼是一种虚伪，其实不然，它在人与人的交往中是非常必要的，正如俗话说的，“礼多人不怪”嘛。

但是多礼必须诚恳，多礼而不能诚恳，反而使人讨厌。能诚恳，才能恭敬；能恭敬，才是真的礼貌。俗语说：“人熟礼不熟。”这就是说，你对熟人也要有礼貌。“晏平仲善与人交，久而敬之”。晏平仲所以能够让人久而敬之，是因为他对别人能够久敬。“久而敬之”是指双方面而言，但须先从你自身开始。永远牢记，学礼是做人的先决条件。

学会尊重每一个人

许多人都学过作用力与反作用力的理论。这个理论指出，当你向一个物体发出多大力量时，这个物体将反作用给你一个完全等量的力。这一原则同样可以应用到人际交往中。事实上就是这样，当你对别人的尊重多一分时，别人对你的尊重也会增长一分。以下是由一个著名的谈判专家所讲述的小故事：

我和一位同事去曼哈顿出差，由于在那天早上的第一个约会前有一段较充足的时间，我们可以从容地吃顿早饭。点完菜之后，我的同事出去买报纸。过了 5 分钟，他空手回来了，摇着脑袋，含糊不清地小声骂街。“怎么啦？”我问他。他答道：“我走到对面那个报亭，拿了一份报纸，递给那家伙一张 10 美元的票子。他不是找钱，而是从我腋下抽走了报纸。我正在纳闷，他开始教训我了，说他的生意绝不是在这个高峰时间给人换零钱的。

我们一边吃饭，一边讨论这一插曲。我的同事认为这里的人傲慢无理，都是“品质恶劣的家伙”，他以后再不让任何人给他找 10 美元的票子了。饭后，我接受了这一挑战，让我的同事在饭店门口看着我，然后我横过马路去买报纸。

当报亭主人转向我时，我和顺地说：“先生，对不起，我不知道你能不能帮个忙。我是个外地人，需要一份《纽约时报》，可是我只有一张 10 美元的票子，你能找开吗？”他毫不犹豫地把一份报纸递给我道：“嗨，拿去吧，找开钱再给我就行了！”

我兴高采烈地拿了“胜利品”凯旋而归，我的同伴摇摇脑袋，随后他把这件事称为“54 街上的奇迹”。

其实，这个世界上没有不可能做到的事，一切在于方法。

事实正是这样，尊重他人是你获得合作的保证。只有这样你才能建立起公平和信任，并能互相交换态度、感情和需要。有了这种自由的相互影响和共同分担后，就可以找到创造性的解决办法，从而使双方都成为胜利者。

20 世纪 40 年代中期，休斯制作了一部电影叫做《剥夺权利者》。电影主演是珍·拉塞尔，一位漂亮的浅黑色女郎。这个电影可能已经被人忘记了，但是电影的广告宣传画或许你还记得：拉塞尔仰卧在空中的一堆草上。

那时候休斯迷上了拉塞尔，以至于跟她签订了一个一年 100 万美元的雇用合同。12 个月之后，拉塞尔合理合法地说：“我想要我合同上规定的钱。”休斯声明他现在没有现金，但有许多不动产。可拉塞尔不听这些辩辞，她只要她的钱。休斯继续向她说明他现在现金周转不灵，要她等一等。而拉塞尔一直指出合同的法律效力，上面清楚地说明年底付款。

他们以敌对面目出现，双方的争执看来是没法和解了，于是他们各自都通过自己的律师进行交涉，原先亲密的合作关系变成了紧张的斗争关系。外界谣传说，这下只有通过法律程序来解决了。但是，如将这一冲突诉诸法律的话，律师才是唯一的胜利者。

这一冲突后来是怎样解决的？事实上，拉塞尔很聪明地对休斯说：“你我是不同的人，有不同的奋斗目标，让我们看看我们能不能在互相信任的气氛下分享信息、感觉和需要？”他们这样做了，于是双方以合作关系出现，结果使他们之间的纠纷得到了创造性的解决，并且满足了双方的需要：合同上的金额不变，时间变了。这样做的结果是，一方面休斯解决了资金周转困难，并获得本金的利息；另一方面，拉塞尔的所得税逐年分期交纳，并且会有所降低，有了 20 年的年金收入，她就不必为每日的财务问题操心了。此外，她既保住了面子，又取得了胜利。就个人的不同需要而论，拉塞尔和休斯都是胜利者。他们之所以获得胜利的原因，在于他们都尊重了对方的需要，并在此基础上进行了有效的合作。

懂得和不同的人相处

“物以类聚，人以群分”，一般人都愿意同和自己性格相近的人相处，这是无可非议的。一个人要和所有的人都成为亲密朋友，那是不实际的，也是不可能的。但是，如果我们学会和各种不同性格的人打交道，就能和更多的人相处得好，工作起来就能运作自如了。那么，怎样和不同性格的人相处呢？

其一，应该看到，既然别人与自己性格不同，他在待人接物方面自然也有许多方面与自己不一样。当我们看到了别人与自己的不同之处后，不要觉得这也不顺眼，那也看不惯，更不要讨厌和嫌弃别人，要承认差别。世界上的事物本来就是千差万别的，可以说，世界上没有完全相同的两片树叶。认识到这一点,看到了不同性格的人,你就不会强求别人处处和自己一样,就可能容忍相互间性格上的差别。

其二,要学会求大同、存小异。性格不同的人,处理问题的方式方法往往也不同。要学会在不同里发现共同。比如,你若是一个性格平和的人,你给张三提意见,可能言辞不会那么激烈,语气也比较委婉。但如果你身边有一个刚直倔强的人,他给张三提意见,可能就会单刀直入,语言尖锐,甚至可能转而批评你,说你给别人提意见转弯抹角,是钝刀割肉。在这时候,如果你只看到那个直率的人开展批评的态度和方式跟你不一样,觉得他太鲁莽,太不讲情面,你可能就会感到跟他格格不入,合不来。但如果你除了看到你们两人提意见的方式不同以外,还看到他和你也一样,也是出于一片好心,是真心想帮助朋友的。这样你可能就不会觉得他粗鲁无情,而是觉得他有难得的热心肠,同时也不会计较他对你的批评了。我们要是多看看别人和自己之间的共同点,就容易和不同性格的人相处。

其三,跟不同性格的人相处,还要注意了解别人。人们在相互交往中,我们可能都有这样的体验:如果你对一个人不了解,那么你和他在感情上就必然有距离。一个人性格的形成,往往跟他生活的时代、家庭的环境、所受的教育和经历有关。我们在考察一个人的性格时,最好也要了解他的性格形成的原因。这样,你才能理解他、体谅他、帮助他,慢慢地,你们相互间就会增进了解,甚至还有可能成为好朋友。

其四,跟不同性格的人相处,要注意多发现别人的优点,取长补短。两个性格不同的人在一起,由于对比明显,双方能很快发现对方的长处和短处。发现了别人的短处之后,正确的做法是给别人指出来,并帮助他。世界上任何事物都不是尽善尽美的,每个人在思想、性格上都存在缺陷,我们对人不能求全责备,谁要寻找没有缺点的朋友,那他就会没有朋友。在和自己不同性格的人的身上,更要注意多发现别人的长处和优点。比如,急性子的人,要看到慢性子的人在考虑问题时可能比较周全,特别是在做某种需要耐心的工作时,他就很合适。慢性子的人,要看到急性子的人做事的不拖拉、麻利。这样,大家不仅能够和睦相处,还可以互补。

其五,跟不同性格的人相处,胸怀应该宽一些,气量应该大一些。当然,这里所说的待人要宽容,不是说不讲原则,而是应该尊重别人的兴趣和爱好,对别人生活中的一些细枝末节,要能容得下。这样,不同性格的人在一起才容易相处。

其六，跟不同性格的人相处，还要注意讲究不同的方式方法。俗话说，一把钥匙开一把锁。跟不同性格的人打交道，也要区别对待。这不是那种见人说人话、见鬼说鬼话的世故圆滑，也不是那种逢场作戏的玩世不恭。我们说的待人有别，是要看到性格不同的人有他自身的特点，要针对这些特点采取因人而异的恰当方式。

也许有人会说："江山易改，禀性难移，自己的脾气改不了。"的确，人的性格是在生理素质的基础上、在社会实践活动中逐渐形成的，具有一定的稳定性。要想改变一个人的性格，不是一件容易的事情。但是，世界上任何事物都不是一成不变的，人的性格也是在不断发展、有所变化的。我们常常看到，有的人本来很脆弱，但是，在经历过一些重大变故或意外打击以后，生活把他磨砺得坚强起来了。如果我们努力提高自己的认识能力、思想水平和道德修养，我们是能够培养和锤炼出与不同的人相处的能力和技巧的。

帮助别人，成就自己

1960年，劳埃德在英国的泰晤士河边开了一家咖啡馆。很快，这家咖啡馆就成了船老板、商人、船员等聚会的地方，很多信息都在这里交流。这里成了一个信息通道。

英国之所以成为世界强国，海运事业的高度发达起了重要的作用。酒店、咖啡店等地方成了这些闯荡大海的人必到之地。他们在这里畅谈海外的奇闻轶事，回首航海中的风雨历程。这里有喜怒哀乐，也有悲欢离合。高兴的人庆贺自己一帆风顺，满载而归；悲伤的人哀叹自己海上遇险，血本无归。

一天，咖啡馆老板劳埃德听到一个海员在喝咖啡的时候说，有一个伦巴第人在搞海运保险。这随随便便的一句话，却在劳埃德的心中掀起了波澜。他想：我何不利用现在的条件，与这些老顾客们联手搞一搞海运保险呢

他把这个想法告诉别人，很多人都说，这事很危险，大海无情，海浪经常是很容易把一条大船掀翻，你赔得起吗？这等于拿着英镑往大海里扔！他感到有些犹豫，就不断地咨询那些从事海上贸易的老板，老板们对此很

感兴趣。接着很多船长、船员、货主、商贩等纷纷表示，如果有人愿意搞海运保险，他们都会参加。这些人观点明确，在有保障的前提下，谁都想碰碰运气，即使失败了，也不至于血本无归。

有了这些人的支持，劳埃德终于下定决心。保险业开始的时候是不需要很多资金的，只要物色好机构与办事人员，就可以开张了。不久，一家"劳埃德保险公司"就在泰晤士河畔成立了。

不久，他的保险公司生意一下子就火起来了，昔日一个小小咖啡店的老板摇身一变，成了保险业的领军人物。

劳埃德保险公司的业务发展是很迅速的，他除了搞海运保险，还发展了大到火箭发送、人造地球卫星、受到战火威胁的超级油轮，小到电影明星的漂亮脸蛋、脱衣舞女的美腿等业务。真是无所不保，无奇不有。

劳埃德成了英国人引以为自豪的世界上最大的保险业巨头。

劳埃德的做法不难理解，而洛克菲勒的举动着实让人大吃一惊。

第二次世界大战后不久，战胜国决定成立一个处理世界事务的联合国。可是联合国设在什么地方，一时间成了一个颇为费神的问题。按理说，联合国的地点应该设在一座繁华的城市。可是，在任何一座繁华的城市建立联合国的总部都必须有大量的土地来建造楼房，而这批土地必须花费大量的资金。那时刚刚起步的联合国总部却是"说起钱就不亲热"了。

正当各国的首脑们商量来商量去的时候，美国的洛克菲勒家族知道了这个消息，立即出 870 万美元巨资在世界级的大城市纽约买下了一块土地，并且同时买下了这块土地周围的全部土地。在人们惊异的目光中，洛克菲勒家族把这块 870 万美元买来的土地无偿捐给了联合国。

联合国大厦建起来之后，其周围的土地价格立即飙升。没有人能够计算出洛克菲勒家族在经营这片土地时到底赚回来多少个 870 万美元。洛克菲勒家族之所以能够收获这丰厚的回报，就是因为他们播下了一粒智慧的种子。这是睿智，是胆略，更是智谋。

生活从来不会主动向人们诉说什么，只有时间会告诉人们真理。洛克菲勒家族的成功告诉我们：帮助别人就是帮助自己，要想收获就必须先给予，而关键是看准了就要敢于大胆地去做。

吝啬鬼不受欢迎

人与动物的最大区别就在于人具有社会性。吝啬之人极度自私,不给别人任何帮助,将人的本性降格为动物般的本性。吝啬破坏了人类美好的社会关系、伦理关系和道德关系。物质与精神上的吝啬将会对一些社会成员造成精神及肉体上的伤害。

有句话说,钱不是万能的,但是没有钱是万万不能的。这话之所以精辟,是因为它道尽了钱和人之间微妙的关系。人活在世上,的确需要钱才能生活下去,开门五件事:油、盐、酱、醋、米,总是要对付过去的,因为我们不是不食人间烟火的仙人。但是还有比钱更重要更珍贵的东西,比如亲情与友谊,这种情意上的牵绊是刻骨铭心的。大千世界中,谁也不愿做孤家寡人,而在人与人相处的过程中,彼此的关心与帮助也是不可缺少的。每个人都有需要别人帮助的时候,今天帮人一把,日后自己有难处,也定会得到他人的关心和帮助。

一句话,我们不能做那只一毛不拔的铁公鸡。

得理且饶人

战国时,梁国与楚国交界,两国在边境上各设界亭,亭卒们也都在各自的地界里种了西瓜。梁国的亭卒勤劳,锄草浇水,瓜秧长势极好,而楚国的亭卒懒惰,对瓜事很少过问,瓜秧又瘦又弱,与对面瓜田的长势简直不能相比。但是,楚人死要面子,在一个无月之夜,偷跑过去把梁国的瓜秧全给扯断了。梁国的人第二天发现后,气愤难平,报告县令宋就,说他们也过去把对方的瓜秧扯断好了。宋就听后,对亭卒们说:"楚国人这样做当然是很卑鄙的。可是,我们明明不愿他们扯断我们的瓜秧,那么为什么再反过去扯断人家的瓜秧呢?别人不对,我们再跟着学,那就太狭隘了。你们听我的话,从今天起,每天晚上去给他们的瓜秧浇水,让他们的瓜秧长得好,而且你们这样做,一定不可以让他们知道。"亭卒们听了宋就的话后觉得有道理,于是就照办了。后来,楚国的人发现自己的瓜秧长势一天好似一天,仔细观察,发现每天早上瓜地都被人浇过了,而且是梁国的人在黑夜里悄悄为他们浇的。楚国的边县县令听到亭卒们的报告后,感到非常惭愧又非常敬佩,于是把这事报告给了楚王。楚王听说后,也感于梁国人修睦边邻的诚心,特备重礼送给梁王,既以示自责,也表酬谢,结果这一对敌国成了友邦。

以仁恕之道推及他人,可以使人宽广的胸怀,容忍别人的过失。同时,也可以不因别人合理的指责而迁怒于人,这样,方能达到人际关系的和谐。

生活中常常有些人无理争三分,得理不让人,小肚鸡肠。相反,有些人真理在握,不声不响,得理也让三分,显得绰约柔顺,君子风度。前者往往是生活中的不安定因素,后者则具有一种天然的向心力。一个活得叽叽喳喳,一个活得自然潇洒。假如是重大的或重要的是非问题,自然应当不失原则地论个青红皂白,甚至为追求真理而献身也值得。但日常生活中,包括在工作中, 有人往往为一些非原则性的问题或小小的皮毛问题争得不亦乐乎,谁也不肯甘拜下风,说着论着就较起真来,以至于非得决一雌雄才愿罢休,严重的甚至大打出手,或闹个不欢而散,影响团结。而且越是这样的人越对甘拜下风的人瞧不顺眼。时下里流行一句话:“玩深沉。”其实这种场合玩点深沉反而显示出大度绰约的风姿。争强好胜者未必掌握真理,而谦和的人原本就把出人头地之类看得很淡,更不屑说在一些小是小非上与人争论。你越是有理,却越表现得谦和,往往越能显示你的胸襟之坦荡、修养之深厚。

树立一个强硬的形象

俗话说“软的怕硬的,硬的怕不要命的”,吃柿子专捡软的捏。生活中一些蛮横霸道的恶人之所以能够得意一时,就是因为社会上老实人太多。他们作威作福、发火撒气往往找那些软弱善良者,因为他们清楚,这样做并不会招致什么值得忧虑的后果。在我们身边到处都有这样的受气者,他们看起来软弱可欺,最终也必然为人所欺。因为,一个人表面上的软弱实际上也在助长和纵容别人侵犯你的欲望。

人是应该有一点锋芒的, 虽然在待人处世中没必要像刺猬那样全副武装,浑身带刺,但至少也要像那些凶猛的动物一样,让人觉得你不好惹才行，特别是对于那些没事找事的恶人。

树立一个不好惹的形象，是确保自己不受欺侮的一条很重要的处世技巧。

有这样一则真实的故事，倒是可以给我们一些启示。它说的是在20世纪80年代中期南方某地一个集贸市场上，有一个泼皮无赖，仗着自己练过几天功夫，会要几手三脚猫儿的功夫，在小镇的农贸市场上为非作歹、为所欲为。最令人气愤的是，他总是拎了这个摊位的鸡，又拿了那个案子上的肉，却总是不给钱。谁要向他讨，他就说先赊着以后一块儿给。可谁真向他要时，他便会大打出手，或是想法子弄得你无法在此地待下去。大家对这样一个无赖小人真是敢怒而不敢言。

然而有一天，这个无赖却碰到了茬儿上。这天一大早，无赖就来到市场上，只见他走到一个猪肉摊前，用右手点着一块肉要摊主割下来给他，那位摊主也是位青年，听他一说，二话不讲，操起刀就在案子边的条石上霍霍地磨了起来。这个无赖见此，也只好站在那等着。此时，摊边上的人开始聚拢过来，一半是看热闹，一半是想亲眼目睹一下这个无赖如何横行霸道。岂知，这位摊主磨了好几分钟还没有罢手。此时，无赖张口就骂，要摊主快点儿。只见这位摊主不慌不忙地应了一声，把磨得锃亮的刀往阳光下一摆，一道寒光直照到无赖的眼睛上去。无赖心中一惊，不由得打了一个冷战。他又催摊主赶快割肉，但语气明显缓和了一些。摊主拿着刀，对着这个无赖想要的那块肉就砍下去，只听“刷”的一声，一大块齐整整的肉就被割了下来。更令人叫绝的是，仅这一刀就把肉中连着的骨头也齐齐地砍断了。见此情形，这个无赖心中又是一愣。然而，事情还没有完，摊主把肉砍好之后，并不是像往常那样，把刀搁在案子上就算了，而是出乎意料地持刀朝身边几尺远的一块木板上扔去。随着“啪”的一声响，那把剁肉刀便插在木板上，与其他几把并排，排列得非常整齐。哦！原来这是他的刀板。同样令人奇怪的是，这回无赖并没有像往常那样，拿起肉扬长而去，而是叫摊主称了称，乖乖地如数把钱交了。

究竟是什么力量使摊主在默默的无声之中征服了无赖呢？看了这个小故事，人们自然会想到那把刀，以及摊主熟练的技艺。但是，这则故事告诉我们的是：通过某种形式、某种物品、某个动作，给小人一种暗示：自己绝对不是好惹的，更不是好欺负的。同时也是在告诉小人，一旦被逼急了，羔羊也会变成猛虎的,“兔子急了还会咬人”,更何况人!这里,虽然没有明火执仗的对抗,没有拳脚相见的冲突,但它也是一种较量,是一种力量、意志和人格的显示。你可能不一定有刀,但你有自己的工具和手,它们同样可以帮助你表现自己的力量和尊严。

不要处处与人抬杠

著名的心理学家卡尔·罗吉斯在他的《如何做人》一书中写道:“当我尝试去了解别人的时候,发现这真是太有价值了。我这样说,你或许会觉得奇怪。我们真的有必要这样做吗?我认为这是有必要的。在我们听别人说话的时候,大部分的反应是评估或判断,而不是试着了解这些话。在别人述说某种感觉、态度和信念的时候,我们几乎立刻倾向于判定‘说得不错’或‘真是好笑’、‘这不正常’、‘这不合情理’、‘这不正确’、‘这不太好’。我们很少让自己确实地去了解这些话对其他人具有什么样的意义。”

这就是善于以自我为中心的,过分地相信自我的标准的人类。因而在日常的人际交往中,我们遭遇太多的争论,造成太多心与心之间的嫌隙。在那些自以为是的争论中,我们竭尽全力地护卫着那些并不全面、并不成熟的观点。对那些无关紧要的问题、不足称道的异己意见,我们给予了太隆重的对待。一场狂风暴雨般的唇枪舌剑过后,我们得到的仅是“心乱”,失去的却是“亲密无间”。除此之外,我们还能得到些什么呢?哦,也许我们因此又多了一个敌人。在以后的日子里,我们会有更多的机会锻炼我们那“锐不可当”的口才。

卡耐基极为悲观地说:“你赢不了争论。要是输了,当然你就输了;如果赢了,你还是输了。在争论中并不产生胜者,所有喜欢争论的人在争论中都只能充当失败者,无论他愿意与否。因为,十之八九,争论的结果都只会使双方比以前更相信自己绝对正确,或者,即使你感到自己的错误,也决不会在对手面前俯首认输。在这里,心服与口服没法达到应有的统一。人的固执性将双方越拉越远,到争论结束,双方的立场已不再是开始时的并列,一场毫无必要的争论造成了双方可怕的对立。所以,天底下只有一种能在争论中获胜的方式,那就是避免争论。”

也正如本杰明·富兰克林所说的:“如果你老是抬杠、反驳,也许你偶尔能获胜，但那是空洞的胜利，因为你永远得不到对方的好感。”

你在争论中可能有理，但要想改变别人的主意，你这是徒劳。从人称自己是万物之灵的那一刻起，其个性似乎就已烙下一个深刻的烙印：一种自我优越感、自我权威感在内心、头脑、全身滋长着，并借着社会心理的遗传，一代代地传承了下去。当能够承认自己错误成为一种难能可贵的、可供称赞的美德时，那一种自我优越、权威在社会上取得了普遍的地位，并因而在体内确立了其支配地位。正因此，人们才将廉颇的负荆请罪、李世民的善于纳谏千古传颂。认错这一简单的行为，在今人的心中有着如此沉重的分量，难道不是因为我们缺乏足够的勇气去推翻心中的自我权威和消灭多余的自我优越？我们心中有那么一种毁灭的冲动，却冲不破那一层古怪的心理障碍。

在热闹的争论中，我们日益变得孤立。当所有人都不对我们表示好感时，我们终于体会到“大多时候寂寞”的悲凄。佛祖释迦牟尼来到我们的面前，在一片祥和中告诫我们：“恨不消恨，端赖爱止。”争强疾辩绝不可能消除误会。

让我们来听一听林肯是如何斥责一位和同事发生激烈争吵的青年军官的：

“任何决心要有所成就的人，绝不肯在私人争执上耗费时间。因为争执的后果不是他所能承担得起的，这后果包括发脾气、失去自制。要在跟别人拥有相等权利的事物上多让步一点，而那些显然是你对的事情就让步少一点。与其跟狗争道，被它咬一口，倒不如让它先走。因为就算宰了它，也治不好你被咬的伤。”

是的，我们承担不起后果，“就算宰了它，也治不好你被咬的伤”。所以我们需要在一定基础上作出让步，来避免争论。

可是，我们并不太明了我们应该如何去做，而这样子是有可能遭到“自我优越”与“自我权威”的反攻倒算的。

所以，我们要学会承认自己也许会错。苏格拉底在雅典一再告诫门徒：“我只知道一件事，就是我一无所知。”平时，在说话时，请让我们试着用这么一种句式：“唔，是这样的，我也有一种想法，不过也许不对，希望你能原谅。依我看，这是……”因此，我们在任何场合下都将畅行无阻，因为没有人会反对“你也许不对”的看法。因为，在承认自己错误的同时，我们便已备下了灭火剂。但这也许并不够，因为灭火剂也会有“没招”的时候，所以，我们在小心翼翼地指出对方显然是错的地方时，还不得不寻求一个适当的方式。

19 世纪英国一位叫查士德·斐尔的爵士对他儿子说：“如果可能的话，你要比别人聪明，却不要告诉人家你比他聪明。”300 多年前伽利略说：“你不可能教会一个人任何事情，我只能帮助他自己学会这件事情。”所以我们必须以若无实有的方式开导别人，提醒他不知道的好像是他忘记的。因为不论你用什么方式指责别人：眼神、语调、手势、话语，只要你告诉他他错了，他就绝不会对你善罢甘休，因为你直接打击了他的智慧、判断力、荣耀和自尊心。他绝不会改变他的想法，他只想反击，人类的好斗性会在此刻表露无遗。即使你搬出柏拉图或黑格尔的逻辑，也改变不了他的看法，因为你伤了他的感情。在日常的琐事中，支配人们行为的往往不是理智，而是情感。所以我们应该在一开始就尊重对方的意见，而不直截了当地指出他错了。只有避免了争论，我们才能赢得别人的好感，从而在人际关系中不再被他人孤立。

别人有面子，自己有台阶

小李在电气部门的时候，是个技术性天才，但后来调到计算部门当主管后，却发现非其所长，不能胜任。但公司又不愿伤他自尊，毕竟他是个不可多得的人才，何况他还十分敏感。于是，公司又给了他一个新头衔 -- 电气咨询主任工程师，工作性质仍与原来一样，只是让别人主管计算部门。小李当然很高兴，因为他既得到了提升，又能从事自己喜欢的工作。公司领导也很高兴，因为他们终于把这位易怒的天才遣调成功，而没有引起什么风暴。究其原因，是因为公司为他保留了面子。

在我们国家，保留他人的面子是非常重要的事情，而人们却很少会考虑到这个问题。人们常喜欢摆架子、我行我素、在众人面前指责孩子或雇员，而没有考虑到这样做是否伤了别人的自尊心。其实，只要多考虑几分钟，讲几句关心的话，为他人设身处地想一下，就可以避免许多不愉快。所以，当你必须指责孩子、处理解雇或惩戒事项的时候，不要忘了给他人留面子。

美国的一位会计师曾说："解聘别人并不有趣，被人解雇更不觉得有趣。我们的业务是季节性的，所以，在所得税申报热潮过了之后，我们得让许多人走人。我们这行有句玩笑说："没有人喜欢挥动斧头。"因此，大家都变得有点麻木不仁，只希望事情赶快过去就好。通常，例行谈话是这样的：请坐，史密斯先生。忙季已经过去了，我们已没有什么工作可以给你做。当然，你也清楚我们只是在旺季的时候才会雇用你，因此……"这种谈话会让当事人失望，而且有种损及尊严的感觉。所以，除非不得已，我绝不轻言解雇他人，即使真要如此，我也会婉转地告诉他："史密斯先生，你的工作做得很好(如果他是做得很好)。上次我们要你去纽约，那儿的工作很麻烦，而你处理得很好，没出一点儿差错。我们想要你知道，公司很以你为荣，也相信你的能力，愿意永远支持你，希望你别忘了这些。"结果，被遣散的人觉得好受多了，至少不觉得有损尊严。他们知道，假如我们有工作的话，还是会继续请他们做的。或是等我们又需要他们的时候，他们还是很乐意再回来的。"

即使别人错了，而我们是对的，我们也应该给别人留个面子。

别与人撕破脸皮

小王一天跟小李说他辞去了原本不错的工作，而且还和处了1年的女友分手了。小李听后非常惊讶，一细问才知道事情原来是这样子的：

有一天，小王匆匆忙忙由客户的公司返回自己的公司，碰巧在大厅中遇到正要外出的上司，他立即将前往客户处的经过向上司做了个简单的报告。谁知上司听了他的报告，很不满意，便当着众同事的面痛斥了他一顿。而这天他原本约好和女友外出游玩，为了节省时间准时去接女友，只好委曲求全地不断向上司说抱歉。尽管周围的同事都以异样的眼光看着他，但由于约会的时间迫在眉睫，他也只好匆匆逃离了现场。

他先回了办公室，再回到大厅时，正好看到女友的身影，一问之下，女友说："刚好顺路，所以来得早些。"此时他脑中立刻闪过一个念头：刚才的情形一定全被她看见了。在此后的约会中，由于小王心里始终有这个阴影，所以，约会时他们两人只有沉默与无聊。不久，他便与女友分手，并且断然辞去了工作。

小李再仔细问他，才知道他的女友根本没提看到他出丑的事。事实上,即使他的女友看到当时的情形,也未必如他所想象的那么严重。但是,可想而知,他所受的打击相当大,因为他认为自己最难堪的情形被所爱的人看到了。

要知道,每个人在不同的场合,总有自己所扮演的角色。在公司里,必须扮演符合自己职位的角色;在家中,则必须扮演丈夫和父亲的角色。每个人也都保持相互之间角色分配的默契,而一旦相互间”撕破脸皮“,将对当事人产生很坏的影响。因此,在处理人际关系时有一个公认的原则:不要撕破脸皮,给彼此留个“面子”。

别跟他人正面冲突

待人处世是非常复杂的,有的问题因为种种原因,公说公有理,婆说婆有理,是根本争论不清楚的。明朝陈耀文在《天中记》里讲了一个小寓言:有一次,夜里睡觉白天飞翔的燕子与白天睡觉夜晚活动的蝙蝠争论了起来。燕子认为日出是早晨,日落是傍晚;蝙蝠却认为日落是早晨,日出是傍晚。它俩叽叽喳喳,争论不休。其实,燕子和蝙蝠由于生活习惯和所处环境的不同,对晨夕各持不同看法,这个看法是永远不会统一的。从这则寓言我们可以得出这样的启示:待人处世中不要轻易与人争论,即使非争论不可,也必须看清对象,与根本没有争论基础的人争论,是永远争不出名堂来的。

第二次世界大战结束不久的某天晚上，卡内基在伦敦参加史密斯爵士举办的宴会。宴席中，坐在卡内基右边的一位先生讲了一个幽默的故事,并引用了一句成语,大意是“谋事在人,成事在天”,然后,这位先生说这句话出自《圣经》。“什么?《圣经》?”卡内基知道这句话不是出自《圣经》而是出自莎士比亚的《哈姆雷特》。为了表示自己的优越感,卡内基当即纠正了这位先生的错误，不料却引起了对方的反唇相讥:“你说是出自莎士比亚？不可能！绝对不可能！那句话确确实实出自《圣经》。”

卡内基的老朋友葛孟先生也在场,他研究莎士比亚的著作已有多年。这时,他却在桌下用脚踢了踢卡内基,说道:“卡内基,你弄错了,这位先生是对的,这句话的确是出自《圣经》。”

回家的路上，卡内基不解地问葛孟:“你不是明明知道那句话出自莎士比亚吗？”

“是的,”葛孟回答道,“《哈姆雷特》第五幕第二场。可是卡内基,我们是宴会上的客人,为什么一定要证明他错了呢？那样会使他喜欢你吗？为什么不给他留些面子？卡内基,你为什么一定要跟他抬杠呢？应该永远避免跟人家正面冲突。”

有时候,激烈的争论可能会使人一时丧失理智,甚至大动干戈。到了这一步,不少人彼此便成了终生的敌人。而华盛顿则不然,他有着化仇为友的魅力。

公元1754年,华盛顿还是一位上校,当时华盛顿率领他的部下驻守在亚历山大里亚。那里正在选举弗吉尼亚议会的议员,有一个名叫威廉·佩思的人反对华盛顿所支持的候选人。

据说，华盛顿与佩思在关于选举的某一具体问题上发生了激烈的争论,情绪激动的华盛顿说了一些冒犯佩思的话,而被激怒的佩思则将华盛顿一拳打倒在地。华盛顿的部下马上赶了过来，准备替他们的司令官报仇,然而华盛顿却阻止了部下的冲动,并劝说他们返回营地。

第二天一清早,华盛顿就托人递给佩思一张便条,要求他尽快到当地的一家小酒店来。不一会儿,佩思如约到来,他是准备来进行一场决斗的。可令他感到惊奇的是,他所看到的不是手枪而是酒杯。

华盛顿站起来迎接他,并笑着伸手过去。“佩思先生,”华盛顿说,“犯错误乃人之常情,纠正错误是件光荣的事。昨天是我不对,如果你认为到此可以解决的话,那么请握住我的手,让我们交个朋友吧。”

从此以后,佩思成为华盛顿最坚定的支持者!

利用好你的舌头

自从人类创造语言以来,语言便改变了人类的交流方式,甚至也改变了人的命运。因为即使最简单的事情,也需要彼此合作,互相交流,而这时语言就成了彼此联系的起点、终点和连接点。

“说话”是一个人在待人处世中必须使用的交流工具,从早晨睁开眼睛起,每一件事都很难说可以少得了用语言来推动。因此,每一个字、每一句话，都会影响你的成功。善于说话，小则可以给彼此带来欢乐，大则可以兴国。

虽然每个人都知道说话，但话说得好的人却不多。说话并不见得比写文章容易，文章写好了可以修改，而一句话说出来了，要想修改是比较困难的，正所谓“说出去的话，泼出去的水”。

有一则流传已久的笑话，说的是一位工会主席召集五个委员开会。开会的时间早已过了，可是只来了三个人。他叹气说：“唉，该来的没有来！”有个委员听了这话觉得很不自在，他想：“莫非我是不该来的人？”于是这个委员悄悄地走了。工会主席见状，又叹道：“唉，不该走的走了！”剩下的两个委员听主席这么说，误认为他俩是该走而没有走的人，于是一气之下全走了。可见，只因为说话不妥当，非但会议没开成，而且还得罪了人。工会主席用舌头给对方心里留下的阴影，恐怕短时间内难以消除。

可见，如何利用好你的舌头在为人处世中是多么的重要。

鬼谷子认为：与智慧型的人说话，凭借的是见闻的广博；与见闻广博的人说话，凭借的是辨析的能力；与善辩的人说话，就要简明扼要；与上司说话，就要用奇妙的事来打动他；与下属说话，就要用好处来说服他；别人不愿意做的事情，就不要勉强；对方所喜欢的，就模仿且顺从他；对方所讨厌的，就避而不谈它。能做到这些，才算利用好了你的舌头。

汉高祖刘邦杀了项羽，平定天下之后，开始论功行赏，群臣在这个时候，彼此争功，吵了一年多都无法确定。刘邦认为萧何功劳最大，就封萧何为侯，封地也最多，但群臣却心中不服，议论纷纷。在封赏勉强确定之后，对席位的高低先后又起争议，大家都说：“平阳侯曹参身受 70 次伤，而且攻城略地，功劳最多，应当排他第一。”刘邦因为在封赏时已经委屈了一些功臣，多封了许多给萧何，所以在席位上也不好再坚持，但心中还是想将萧何排在首位。

这时候，关内侯鄂君已经揣摩出刘邦的意图，就不顾众大臣的反对，挺身上前厚脸说道：“群臣的评议都错了！曹参虽然有攻城略地的功劳，但这只是一时之功。皇上与楚霸王对抗五年，时常丢掉部队，四处逃避。而萧何却常常从关中派兵员填补战线上的漏洞。楚、汉在荥阳对抗了好几年，军中缺粮，都是萧何转运粮食补给关中，粮饷才不至于匮乏。再说皇上有好几次逃到山东，都是靠萧何保全关中，才能接济皇上的，这才是万世之功。如今即使少了一百个曹参，对汉朝有什么影响？我们汉朝也不必靠他来保全啊！为什么你们认为一时之功高过万世之功呢？我主张萧何第一，曹参其次。”

刘邦听了，自然是无比高兴，连忙说：“好，好！”于是下令萧何排在第一，可以带剑入殿，上朝时也不必急行。

刘邦本是个大老粗，在分封诸侯的时候，将一些从前跟着他出生入死、身经百战的功臣比喻为“功狗”，而将发号施令、出谋划策的萧何比喻为“功人”，所以萧何的封赏最多。明眼人一看就知道刘邦宠幸萧何，因此在安排入朝的席位上，高祖虽然表面上不再坚持萧何应排在第一，但鄂君早已揣摩出他的心意，于是顺水推舟，专拣好听的话讲，刘邦自然高兴。鄂君因此而被改封为“安平侯”，封地也比原来多了近一倍。鄂君在关键时刻厚着脸皮说的几句话，使他一生享尽荣华富贵。

通常情况下，被点中不愿让人知道的隐私，对任何人来说，都不是件令人愉快的事。尤其是他人身上的缺陷，千万不能用侮辱性的语言加以攻击。在中国，有所谓“逆鳞”之说，据说在龙的喉部以下一尺的部位上有“逆鳞”，如果不小心触摸到这一部位，必定会被激怒的龙所杀。事实上，无论人格多么高尚伟大的人，身上都有“逆鳞”存在。所谓“逆鳞”就是我们所说的“痛处”，也就是缺点、自卑感。只要我们不触及对方的“逆鳞”，就不会惹祸上身，还能平步青云。这就是需要随时随地注意应用“投其所好，多说好听话”这个语言技巧。

学会说话

在日常生活中，待人处事也应该做到知彼知己。有一则笑话，颇能说明如何见什么人说什么话。说是某人擅长奉承，一日请客，客人到齐后，他挨个问人家是怎么来的。第一位说是坐出租车来的，他大拇指一竖：“潇洒，潇洒！”第二位是个领导，说是亲自开车来的。他惊叹道：“时髦，时髦！”第三位显得不好意思，说是骑自行车来的。他拍着人家的肩头连声称赞：“廉洁，廉洁！”第四位没权也没势，自行车也丢了，说是走着来的。他也面露羡慕：“健康，健康！”第五位见他捧技高超，想难一难他，说是爬着来的。他击掌叫好道：“稳当，稳当！”看到这里，你也许会捧腹大笑，但思忖一下，定能悟出说好人鬼话的奥妙之所在。

然而，在待人处世中，虽然许多人都知道顺着对方说好话的重要，但真正能说好话的却很少。如果你留心的话，肯定可以发现，与人交谈有时可能“话不投机半句多”，而如果说话投缘，则会“言逢知己千句少”，给交际成功架起绚丽的彩虹。

常言说“狗掀门帘，全凭一张嘴”。待人处世也是如此。战国时期的苏秦原先就是以“连横策略”游说秦王的，失败之后才改以“合纵方略”游说六国的。他就是典型的会说话的例子。

会说话的要点之一，就是根据说话对象的具体情况说话，切不可学南北朝时期的公明仪对牛弹琴。具体来说，就是要根据对方的兴趣爱好说话。人们因职业、个性、阅历及文化素养等方面的不同，兴趣和爱好自然也会有所不同。而且，有些人的兴趣、爱好还会因时因地而有所不同。比如，有的人年轻时对垂钓感兴趣，而到了晚年，却爱好养花种草。而你若知道你的交际对象的兴趣爱好，在与之打交道时如果先谈些与其兴趣有关的话题的话，对方就很容易向你打开话匣子。

有个青年想向一位老中医求教针灸技巧，为了博得老中医的欢心，他在登门求教之前作了认真细致的调查和了解。他了解到老中医平时爱好书法，遂浏览了一些书法方面的书籍。起初，老中医对他态度冷淡，但当青年人发现老中医案几上放着写好的字幅时，便拿起字幅边欣赏边说：“老先生这副墨宝写得雄劲挺拔，真是好书法啊！”对老中医的书法予以赞赏，促使老中医升腾起愉悦感和自豪感。接着，青年人又说：“老先生，您这写的是唐代颜真卿所创的颜体吧？”这样，就进一步激发了老中医的谈话兴趣。果然，老中医的态度转化了，话也多了起来。接着，青年人对所谈话题着意挖掘，环环相扣，致使老中医精神大振，谈锋甚健。终于，老中医欣然收下了这个“懂书法”的弟子。

你从青年人与老中医交往的事例中难道没受到什么启发吗？在待人处世中，我们所面对的交际对象性格迥异，有的生性内向，不仅自己说话比较讲究方式方法，而且也很希望别人说话有分寸。因此，与这样的人打交道时，就要特别注意说话方式，尽可能对其表现得尊重和谦恭些。

比如，某青年与一位名牌大学的老教授在火车上一路同行，青年人想借老教授的钢笔写字，便说：“喂，钢笔给我一下。”然而，老教授是位颇讲究礼仪修养的人,他见青年如此失礼,便把头扭向一边,没理青年人。假若青年人知道老教授的性格特点,把话换成:“请问老先生,把您的钢笔借我用一下行吗?”其结果可能就会截然相反。

有位“未来的女婿”初次登岳父家门,发现这位女友家的茶杯、茶壶、碗碟等用具都是非常精致的青花瓷器,马上就判断出老爷子喜欢什么,便称赞说:“这青花瓷器古朴典雅,精美极了。”就这一句话把岳父哄得高兴得合不上嘴,他们马上有了共同的话题,而且谈得非常投机。

当然,也有的交际对象性格比较急躁、直率,讲话犹如拉风箱般直来直去,同时,也不太计较别人的说话方式。所以,与这样的人打交道时,就要开门见山,有话直说,千万不要兜圈子。

有位名牌大学中文系毕业的高材生在人才招聘会上,想让某公司经理招聘其为办公室秘书,她在经理面前作自我推销时说话拐弯抹角,半天不切题旨。她先说:“经理,听说你们公司的环境相当不错。”经理点了点头。接着,她又说:“现在高学历的人才是越来越多了。”经理还是点了点头,什么也没说。尔后,她又说:“经理秘书一般要大学毕业,要比较能写吧?”高材生的话兜了一个大大的圈子,还是未能道出自己的本意。岂料,这位经理是个急性子,喜欢别人与他一样,说话办事干脆利落。正因为高材生未能摸透经理的性格,结果话未说完,经理便托词离去,高材生的求职也化成了泡影。

由此可见,要想根据别人的潜在心理说话,把话说到对方的心坎儿上,就要时刻注意和揣摩你的交际对象心里在想什么。如果你说的话与对方的心理相吻合,对方就乐于接受;反之,你说的话就会使对方产生排斥和抵触心理。某丝织厂缫丝车间女工小王创造了该厂接线头操作的最高纪录,引起了厂长的极大兴趣。此刻,善于揣摩厂长心理的生产科长向厂长建议说:“厂长,我们是不是召开一个技能操作现场会,让小王现身说法介绍操作经验,这样,就能以点带面,大幅度提高生产效益。”结果,厂长当即采纳建议并对生产科长刮目相看。

在待人处世中,需要与不同身份的人交际,因此,针对不同的身份,所选话题也应有所不同,即要选择与之身份、职业相近的话题。比如,你在旅途上遇到了一位老农民,如果你把话题引向现代女性的美容上去,肯定是“驴唇不对马嘴”了。倘若你说:“大叔,今年的收成咋样啊?每亩地的小麦能收多少？”这样，就能激起老农与你谈话的共鸣点和兴奋点。

要赢得别人的喜欢，就要谈论别人感兴趣的事。因此，在待人处世方面有经验的人都知道，遇到老人就一定要去谈他的小孙子、小孙女，在老人的心目中，他的小孙子、小孙女是最可爱的，很多大人物出去旅游、办公事甚至植树，都要将小孙子带上。你给老人买东西还不如给他小孙子买东西，让他印象深刻。遇到对方有位小孙女，你就猛夸他小孙子真聪明、真活泼，这类话对方肯定乐意听；如果对方有位小孙子，你就说他小孙女是真可爱、真天真。另外，对一个集邮迷你不妨谈几枚好邮票，对一个足球迷谈他喜欢的球队如何取胜，球技如何高超，对注重养生之道者谈谈气功和太极拳；向一个成功者请教他的奋斗史和成功的经验……

与人交谈时，如果能较好地运用上述方式方法，就能把话说到对方的心坎儿上，就会使你“言到功成”！

不要过于坦率

我们大多数人都喜欢正直而坦率型的朋友，他们心里无私，有什么就说什么，从来不加以掩饰。的确，坦率也是一种很可爱的性格，大家都喜欢对方坦率，但这也是有条件的。这个条件就是彼此都能坦诚相待，任何一方若违背了这一规则就会觉得自己良心受了极大的谴责而心理不平衡以致无法生活。显然，这一条件在目前的社会上是无法满足的。当今的社会是一个充满竞争的社会，为了生存，人们可以使用一切手段而丝毫没有良心上的自责，也没有道德上的羁绊。在这种情况下，可以说是人心自危，有些人更是居心叵测。于是，坦率便成为一种难能可贵的品质了。

坦率的人给人开始的印象总是比较好的，大家会认为你老实和忠厚。可是，渐渐地，他们会发现原来你头脑简单、思想幼稚，这样你便被定位成一个弱者，万一他们心怀不轨，那你岂不是自讨苦吃？所以，坦率的人在没有一种自我保护机制的情况下，常常会吃亏。另外，坦率的人还常常伤害别人。这种想说什么就说什么、直来直去而且不分场合的做法，犯了人际交往的大忌。人是被包装起来的，谁不希望自己更漂亮、更完美、更出众呢？谁不愿意别人多选择自己、吹捧自己呢？而你的坦率却是会在你连自己都不知觉的情况下，伤害了别人。这样，你在无形之中就有了无数潜在的敌人。这种敌人会比你知道的敌人更可怕，他们会寻找机会来向你发动进攻，趁你不备将你击倒，其结果，不是既伤害了别人又毁了自己吗？最后，坦率的人还容易被人利用。因为你坦率，所以你对事情的看法往往很浅薄，而且很容易被对方的话激怒，同时也会很草率地做出承诺，是一个容易感情用事的人。而感情用事是很危险的，你也许会为了一些不值得计较的所谓正义、道义去牺牲自己，甚至还可能为了所谓的感情、面子而去成全别人。警惕自己切不可过于坦率和感情用事。做事不是说不要热情，但热情的背后一定要有理性和智慧支配。

掌握好说话的尺度

逢人且说三分话，未可全抛一片心，不失为沟通的一大原则。因为与人沟通是要有个过程的。切不可将自己的心思全盘抛出，即使是自己的亲朋好友也是如此。你说得太细、太多，不仅对自己不利，反而会让对方认为你太低估他的能力了，连最起码的东西都给他解释，这样你的好意势必被误解、被扭曲。只有说出三分，你才可能收获很多。那么究竟该说哪三分呢？

首先，场面话必须要说的。所谓场面话，即是一种应酬而不负责任的话。比如老朋友相见的相互寒暄，表面上答应别人的客套说“我全力帮忙”、“我会考虑考虑的”等等。这种话在交际中常常有，而且非常模棱两可，但是却是与人交往中必不可少的，更是应付尴尬局面的良言。

其次，双方都关注的话必须要说，谈话的双方必须都要对一个问题发表自己的意见。这时，不妨在适当的情况下，发表你的观点，争取主动权，同时要善听对方的观点，并随时修改自己的意见，以便在下次阐述意见时，汲取他人之长，使自己的意见尽可能的完美。

最后，关于自己切身利益的话要说。个人利益并不是什么令人羞愧的东西，只要合理，就应该争取。你想，你推让一次可以，让你推让多次，甚至永远这样推让下去，你愿意吗？你会心理不平衡而导致严重的后果。如果真是这样，那倒不如顺其自然，各人追求各人的合理利益，大家都心安理得，不是很好吗？所以，对于个人利益，不要闭口不谈，也不要故意推让，要大胆要求，合理取舍。

一个人只身闯荡社会，不仅需要大智大勇，而且需要谨慎的个性，处处留心,时时在意,方能站稳一席之地。

硬话软说的效果

在待人处世中,社会组织或个人常常要向公众或自己的合作者、下级等提出一些强制性的要求和规定,比如“禁止翻越护栏!”有的是非强制性的,有一定通融性和弹性的,如“大家可以对本单位的年度计划提出修改意见”等。如果我们把语义具有强制性、语气强硬、不具弹性的语言叫做“硬性语言”的话,语义不具强制性、语气柔和、具有弹性的语言就可以称之为“柔性语言”。柔性语言往往具有规劝或协商等口吻,它传递的信息内容常常具有体贴、关怀、尊重等感情色彩,因而易于让人接受和执行,说话的目的也易于达到。而硬性语言往往具有命令、禁止、警告等口吻,容易使人产生逆反心理,说话目的有时反而不易达到。因此在待人处世的过程中,我们要多用柔性语言,即使在不得不使用硬性语言的情况下,也要尽量做一些柔化处理,硬话软说,使之具有体贴、关怀、尊重等感情色彩,使人心悦诚服地接受和执行。

例如,某单位年底召开联谊洽谈会,一位外单位的与会者走进会议室正准备吸烟,一个工作人员走上前客气地说:“先生,我们这里是无烟会议室。”那位与会者立即把烟收了起来。这位工作人员将不准吸烟的要求渗透在启发性的暗示中,暗示会议室内不能吸烟,并收到了积极的效果。如果她生硬地命令禁止:“会议室内不能吸烟!”对方也许很难接受,甚至会产生某种敌对情绪。

还有一个例子,某单位准备利用双休日组织员工到外地一个兄弟单位参观学习,同时也稍作游玩。鉴于以往组织类似活动时,一些员工带家属和孩子,给组织工作带来不便,影响参观和学习的效果,组织者这次准备做一个不准带家属和孩子的硬性规定。但如果直接宣布这个规定,又似乎不近人情,会使一些员工放弃参加这次活动。组织者经过斟酌,决定这样对大家说:“这次活动以参观学习为主,参观学习的项目较多,时间安排紧凑,因此比较辛苦。希望大家安排好自己的家人特别是孩子,如安排有困难,我们将尽力给予帮助。”这种将硬性规定寓于提醒关照的话,使得员工们都主动想办法安排好家人,积极参加这次活动。

从上述这些例子中可以看出，在待人处世中，一些带有强制性或约束性的要求直接说往往不太容易被人接受，而如果换一个角度，就可以变为一种善意的提醒和关照。用提醒和关照的方式曲径通幽地表达硬性规定和要求，能使硬性规定和要求变得柔和而又充满人情味，从而让人欣然接受和执行。

掌握硬话软说的技巧，对于握有一定权力的管理人员来说，显得尤为重要，因为它能够让下属心甘情愿地服从自己的命令和要求，从而齐心合力地完成工作及任务。

说话要学会拐弯儿

理论上讲，待人处世中应该做到坦诚，不说假话，直来直去。在现实中，人们口头上也一向把直来直去的性格作为一种美德，倍加赞赏。如果你随便问一个朋友："你喜欢什么样性格的人？"他往往会回答："性格豪爽、直来直去。"人们在称颂某人时，也往往说："他性格爽直，说话从不拐弯抹角，直来直去。"

做老实人，说老实话，应该是待人处世的一条准则，但实际操作中"直炮筒子"未必受欢迎。中国人的行为模式很特殊，嘴上说喜欢"直来直去"，内心深处却并不喜欢"直来直去"。当对方回答"不"的时候，未必真的是"不"，很可能只是碍于面子，或是客套的礼貌性回答。

明白了这个道理，也就知道为什么在待人处世中，许多事公司说"研究研究"之后便没了下文了；对上司提意见"直来直去"的人，却不仅难以获得上司的满意，反而可能因此而遭到上司的疏远。

有一个单位，上司在会议上提了一项改革计划。上司在长篇大论之后，照例问问各级主管有没有意见。正当众人都静默无声的时候，却有一个冒失的家伙立刻站起来，提出他的看法，并针对计划的弊病说得口沫横飞，最后还提出了另一项改革计划。几天之后，他就被调职了。

上司既然会在会议中提出计划，就摆明该计划在公布之前，他已经私下征询过部属的意见了。他公开要各级主管做评估只是给大家面子而已。

因此，要想获得待人处世的成功，必须懂得察言观色，善加分辨，认清对方是真要你开口，还是只是礼貌性的客套。最好在说话时巧妙地拐个弯儿，千万不要“乱放炮”。因为每个人都需要自尊，需要面子。直来直去，实际上就是“不给面子”，使对方心中不快，以致造成尴尬的局面，彼此无法下台。更不能因为区区小事或非原则性问题而与人争辩不休，以致彼此关系淡化或破裂。

朱元璋称帝后，要册封百官，可当他看完花名册时，心里又犯起了愁。因为功臣有数，但亲朋不少。封吧？无功受禄，群臣不服；不封？面子上又过不去。军师刘伯温看出朱元璋的难处，又不敢直谏，一来怕得罪皇亲国戚，惹来麻烦；二来又怕朱元璋受不了，反而让自己落下罪名。但又想到国家大事不能视而不见，最后，他想出一个两全其美的方法，画了一幅人头像--人头上长着束束乱发，每束发上都顶着一顶乌纱帽，献给了朱元璋。朱元璋接过画，细品其味，忽然哈哈大笑道：“军师画中有话，乃苦口良药。真可谓人不可无师，无师则愚；国不可无贤，无贤则衰！”原来，刘伯温画中的意思是：“官（冠）多法（发）乱！”刘伯温此举，不但未伤害到朱元璋的面子，不犯龙颜，还道出了谏言：官多法必乱，法乱国必倾，国倾君必亡。画中有话，柔中有刚，也算是待人处世高明的“说话会拐弯儿”，使听者懂得话外之音，达到预期的目的。

另外，说话会拐弯儿，还体现在巧妙劝说上司改正自己所做出的错误决定，让上司从你拐弯儿话中自己悟出应该如何去做。

春秋时晋国自晋文公即位后，发愤图强，使得国家迅速兴盛起来，成为春秋时的一大强国，晋文公也成了一代霸主。可接下来的晋襄公、晋灵公却不思振作，只图享乐，晋国的霸主地位在不知不觉中被楚庄王代替。晋灵公即位不久，不思进取，大兴土木，修筑宫室楼台，以供自己和嫔妃们享乐游玩。有一年，他竟挖空心思，想要建造一个九层高的楼台。可以想象，在当时那种科学水平、建筑材料、建筑技术低下的条件下，如此宏大复杂的工程，要耗费多少人力、物力、财力！因此，大臣和老百姓都反对建九层楼台。但是晋灵公固执己见，并且在朝堂之上严厉地对大臣说：“敢有劝阻建楼台的，立即斩首！”气氛十分紧张。一些想保全身家性命的大臣，都吓得噤若寒蝉，没有人再敢说反对的话了！

一天，有个叫荀息的大夫求见。晋灵公以为他是来劝谏的，便命人拉开弓，搭上箭，只要荀息开口劝说，就射死他。谁知荀息进来后，像是没看见这架势一样，非常轻松自然，笑嘻嘻地对晋灵公说：“我今天特地来表演一套绝技给国君看，让国君开开眼界，舒舒心。国君您感兴趣吗？”晋灵公一听有好玩的就来神，忙问：“什么绝技？别卖关子了，快表演给我看看。”荀息见晋灵公上钩了，便说：“我可以把九个棋子一个一个叠起来以后，再在上面放九个鸡蛋。”

晋灵公听到这事觉得十分新鲜，不相信荀息会有这么高的技艺，但是又急于一饱眼福，便急急说道：“我从未听过和见过这种事，今天就请你给我摆摆看！”荀息当然清楚，如果国君认为自己是欺骗他，他就会有杀头的危险。当晋灵公叫人拿来棋子和鸡蛋后，荀息便动手摆了起来。他先是小心翼翼地把九个棋子堆了起来，然后又慢慢地将鸡蛋放置在棋子上。只见他放上一个鸡蛋，又放第二个，第三个……战战兢兢，如履薄冰。

这时，屋子里的气氛十分紧张、沉寂，只能听到鸡蛋碰到棋子的声音，围观的大臣们全都屏住呼吸，生怕鸡蛋落下来。荀息也紧张得额头冒汗。晋灵公看到这情景，禁不住大声说：“这太危险了！太危险了！”晋灵公刚说完“危险”，荀息就从容不迫地说：“这算不了什么危险，还有比这更危险的呢！”晋灵公觉得奇怪，因为对他来说，这样子已经是够刺激，够危险的了，还会有什么更惊险的绝招呢？于是他便迫不及待地说：“是吗？快让我看看！”这时，只听见荀息一字一句非常沉痛地说：“九层之台，造了三年，还没有完工。三年来，男人不能在田里耕种，女人不能在家里纺织，都在这里搬木头、运石块。国库的金子也快花完了。兵士得不到给养，武器没有金属铸造。邻国正在计划乘机侵略我们。这样下去，国家很快就会灭亡。到那时，国君您将怎么办呢？这难道不比垒鸡蛋更危险吗？”晋灵公听到这种十分合理又十分可怕的警告，不由得吓出一身冷汗，意识到了自己干了一件多么荒唐的事，犯了多么严重的错误，便对荀息说：“筑九层之台是我的过错。”立即下令停止筑台。

古语道，伴君如伴虎，一句不慎的话就可能使臣民人头落地。因此，聪明的臣下总是有话不直说，说话会拐弯儿，委婉地表达自己的意思。荀息如果直接向晋灵公提出建议，不但达不到目的，而且很可能激怒晋灵公惹来杀身之祸，所以，拐弯儿说话不仅是一种说话的艺术，也是一种智慧与谋略。

赞美的魅力

有一位颇具文才的作家叫霍尔·凯因,他的作品很有生命力,虽然他出身卑微,而且只念了8年书就辍学找工作养家。他很喜欢十四行诗和民谣,特别崇拜诗人但丁和欣赏罗塞迪的文学与艺术修养。

有一天,他一时兴起,写了一封信给罗塞迪,赞美他在艺术上的贡献。罗塞迪非常高兴,心想:“如此赞美我的人,一定也是很有才华的人。”于是就请霍尔·凯因来伦敦当自己的秘书。

这是凯因一生的转折点。自就任新职后,他和当时的文学家密切往来,得到他们的支持和鼓励,再加上自己不断的努力,不久,其文学名声便远扬各地。

真诚的赞美就有这样不可名状的威力。它常常能带给赞美者意外的惊喜和收获。

第一次世界大战结束时,德意志帝国惨败,德帝威廉二世顿时成为全世界都讨厌的人,连自己的国民也与他为敌。正当他准备亡命荷兰时,突然收到一位少年的来信,信中充满了一片赤子之情和赞美词:“不论别人怎么想,我永远爱您!”

威廉二世看了这封信,异常感动,立刻回信给少年,希望能和他见面。少年的母亲带着他去见威廉二世,意外地促成皇帝和少年之母的一段美好姻缘。

任何人都不会拒绝别人真诚的赞美,即使对方是伟人。拿破仑对善于奉承的人很反感,这一点为很多人都知道。有一个聪明的士兵却来到拿破仑面前说:“将军,您最不喜欢听奉承话,您是真正英明的人啊!”拿破仑听后不仅没斥责他,反而十分自豪。

所以,当你真的发觉你对某人有无比的崇敬之情时,千万不要吝啬你的赞美之词,因为发自内心的、真诚的赞美不仅会给你带来好运,同时也会给对方带来无比的快乐。

他人面前多说好话

秘密在告诉别人后就不能称其为秘密。然而，我们却常在许多场合里，听过或者说过“我告诉你一个秘密，你可不能再告诉别人！”这时，我们总是天真地认为对方会保守秘密，绝不会再让他人知道，殊不知隐藏不住秘密是人之常情，而秘密终究会传到当事者的耳朵里。

倘若传递的事件有关个人的名誉时，其影响力之大将不可比拟。令人心悸的是，如果这秘密是恶意地抨击批评，在告诉他人时，连听话的人也极有可能对你产生不安，怀疑你这种人在他处也会采取同样的方式来诽谤自己。至于传到当事者耳朵里的后果就更不用说了。

看到这里，我想你一定会反问，如果以“我告诉你一个秘密，你可不能再告诉别人”的方式来间接表达赞美之词，是不是能获得比预期更好的效果呢？答案是肯定的。根据心理学的研究，背后的称赞比当面的赞美，更能获得他人的欢欣。

好听话谁都愿意听，表扬更是一种很让人陶醉的精神享受。聪明的你就不妨大方一点，多赞美别人吧。人们总是期望别人对他们能够有一个高度的评价。你对他们评价越高，他们对你的评价也就越高。而且，当你要收回他们的高度评价时，为了争取让你重新给予他们高度评价，他们会做出更大的努力。横扫欧亚大陆的一代战神拿破仑，就非常精于此道。

据说，在一次防御作战时，意大利军团两个屡立战功的团队因士气不振而丢失阵地。拿破仑将这些军心动摇的士兵集合在一起，用悲伤和愤怒的声调说：“你们不应轻易丢掉自己的阵地，光荣的意大利军团士兵不应是这样的品质。”说着，他命令身边的参谋长在这两个军团的军旗上写上一句话：“他们不再属于意大利军团！”士兵们羞愧难当，哭着请求拿破仑暂时不要写这句话，再给他们一次立功赎罪的机会。此后的作战中，这两个军团的士兵们奋勇冲杀，终于保住了他们的荣誉。

赞扬是一种非常高超的影响他人的手段，如果你经常发自内心地赞扬别人，你就能够为你对他们施加影响打下基础。在这种基础形成后，你对他们的批评意见会对他们产生十分强烈而有效的影响。如果别人接受了你对他们的夸奖，即使你的意见听起来不是那么让人愉快，他们也会比较乐于接受你的意见。

上司的赞扬不仅可以满足下属的荣誉感和成就感，使其在精神上受到鼓励，还可以使他们认识到自己在群体中的位置和价值以及在上司心目中的形象；不仅表明了上司对下属的肯定和赏识，还表明了上司关注下属的事情，对他们的一言一行、一举一动都很关心。有的人受到赞美后常常高兴地对朋友说："瞧，我们的头儿既关心我又赏识我。我做的那件事，连自己都觉得没什么了不起，却被他大大地夸奖了一番。跟着他干气儿顺。"

赞美是一种学问，其中的奥妙无穷，但最有效的赞美则是在第三者面前赞美对方。这种方法不仅能使对方愉悦，而且更具真实感。假如有一位陌生人对你说："我的朋友经常对我说，你是位很了不起的人！"相信你感激之心会油然而生。因为这种赞美比起一个魁梧的男人当面对你说"先生，我是你的崇拜者"更让人舒坦，也更容易让人相信它的真实性。

美国前总统罗斯福的身边有一个名叫布德的副官。他对赞美曾有过非常深刻的见解："背后赞美别人的优点，比当面恭维更为有效。可以说，这是一种很高的赞美技术。在人背后赞美人，在各种赞美方法中，要算是最使人高兴的，同时也是最有效果的。"

因为当上司直接赞美下属时，对方极可能以为那是应酬话、恭维话，目的只在于安慰自己罢了。若是通过第三者的传达，效果便截然不同了。此时，被赞美者必然认为那是认真的赞美，毫无虚伪，于是真诚接受，感激不已。在深受感动之下，这位属下会更加努力工作，以报答你的"知遇"之恩。

试想一下，如果有人告诉你，某某人在你背后说了许多关于你的好话，你会不高兴吗？这种赞美，如果当着你的面说给你听，或许会适得其反，让你感到虚假，或者疑心他是不是出于真心。为什么间接听来的便觉得特别地悦耳动听呢？那是因为你坚信对方是在真心赞美你的。

德国的铁血宰相俾斯麦，为了拉拢一个敌视他的议员，便总是对别人赞扬这位议员。他知道那些人听了之后，肯定会把他的话传给那个议员的。后来，他和这位曾经的敌视者竟成了无话不谈的政治盟友。

事实上，在我们的周围，可把这种方法派上用场之处不胜枚举。例如父母希望孩子用功读书时，如果整天教训孩子，很难说有多大效果，而假如孩子从别人嘴里知道父母对自己的期望和关心以及父母在自己身上花的心血，自然会产生极大的动力。

在待人处世中,当你评价下属的工作时,当然也可以使用此法。例如在下属的顶头上司前说句好话,或在下属的妻子和朋友面前赞美他,这些方法都能收到相当好的效果。

学会说"谢谢"

在待人处世中,有许多人不善于对别人表露情感,这种情形,在那些社会经验不足的年轻人中更是非常普遍。满怀谢意,却不能大大方方地说出"谢谢你",这样就绝对不能把自己的谢意传达给对方。为什么心里感谢对方嘴里却说不出来呢?究其原因,无非是不好意思。

其实,别人帮了你的忙,好好地表示谢意是最基本的礼貌。倘若不懂得这一点,势必无法让对方满意。试想一下,人家辛辛苦苦地费劲帮了你的忙,连你的一句谢谢都换不来,假若换作是你,心里会作何感想?

有一位以乐于助人见称的董事长,有位职员一天向他报告自己将要结婚的事,董事长听了之后非常高兴,马上热情地把自己一位从事房地产经营的朋友介绍给他,结果,那位职员不久便顺利地找到一幢价格不高又特别合适居住的公寓作为新房。

那位职员在乔迁后的第二天,前往董事长的办公室想向他致谢。谁知,等见了董事长他却支吾了半天,怎么也说不出"谢谢"两个字来,最后好不容易才勉强说出"前几天麻烦你,真是抱歉"的话之后便急急忙忙地退出办公室。

董事长见到职员这种表现,感到非常沮丧,甚至认为自己的这份热心有点多余。那位职员期期艾艾不敢吐露本意,说不出"谢谢"来,完全是因为面对董事长时过于紧张,脸皮儿太薄所致。

看来要想把"谢谢"说出口还不是太容易的事,但你如果不将自己心中的谢意表达出来,对方永远也不会知道。相反地,倘若清楚地把谢意告诉对方,不但会使对方感到愉悦,同时也是在尊崇对方。此外,在表示谢意时,还需要注意一点,如果周围有人,而你的道谢态度又过于客气,那将会适得其反,因为对方可能会感到不好意思。依真实情况如何,再来决定道谢的言辞,才是真正的掌握了待人处世的精髓。

将事情说清楚讲明白

在日常交往中,有些人因为过于谨慎或是害羞,已经养成了过分含蓄地表达自己的习惯了,以至于对一般事情都不能清楚地表达出来。这使许多与他们打交道的人感到厌烦甚至愤怒，因为将事情清楚明白地说出来也是一种待人处世的基本礼节。

如果你留心的话,在饭店或火车站的门口,肯定可以经常看到上司及部属,或是两位有生意关系的朋友在搭乘出租车。他们这时候的对话,往往会令旁人听了感觉无聊而窃笑不已。

车子驶至门口,部属通常会对上司说:“您请上。”这原因想必大家都非常清楚,一般来说,司机的后座最安全而且又是上座,因此做上司的在听了部属这么说后，通常会接受部属的美意先进入车内。但也有一些上司,可能因为不好意思或觉得麻烦而不愿坐那个位置。

遇到这种上司,部属又往往自忖地位高低,也不敢就此先进入车内。因此“您先上”“不,你先上”的客气话,便开始在两人之间展开。直到司机等得不耐烦,冲着两人说了一句“请你们赶快上车”之后,他们才停止这场可能没有结果的对话。在这种情形下,常变成部属坐在上座。

现在看来,为了简单的上车顺序竟然花了那么长的时间,甚至后来反而变成部属很别扭地坐在上座,究其原因,就是因为部属没有能够一开始就明白地告诉上司:“您坐那个位子会比较好。”让上司知道依照礼节他理应坐在上座那。不过,对方若是年长者或是位女性,你请对方坐在里面的位子,有时反而会令对方迷惑,因为他(她)们进出车内会不太方便。你如果遇到这种情形,对方请你先入座,你可以告诉对方:“好,我知道。”然后迅速地进入车内。对方所以谢绝你的好意不先入座,往往是因为个人的习惯或腰痛等疾病,倘若你一味地请对方先上车,恐怕会被对方冠上“考虑不周”之名。因此,在搭车时,看清楚当场的状况并快速果断地处理,就是在尊崇对方。

幽默要适度

幽默可以松弛紧张的情绪，也可以自我解嘲，帮助彼此找到适当的台阶下。

将“humor”译为“幽默”的“幽默大师”林语堂先生，生前有一次乘船旅行，在船上看到一个外国人正在看他写的那本英文版的《生活的艺术》。那老外见林语堂身着大褂，以为是个乡巴佬，就鄙视地对林语堂说：“老兄，你看得懂吗？”林语堂不疾不徐地用英语对他说：“虽然我看不懂，但是这本书却是我写的。”说罢掉头就走，留下一脸愕然的老外。

世界著名的大文学家歌德有一天到公园散步，迎面走来一位曾经对他的作品提出过尖锐批评的批评家。这位批评家站在歌德面前高声喊道：“我从来不给傻子让路!”歌德却答道：“而我正相反！”一边说，一边满面笑容地让到一旁。不论是林语堂还是歌德，他们的幽默都无疑避免了一场无谓的争吵，同时也可以消除自己的恼怒，充分显示了他们的心胸和气量。

幽默还可以缓和尴尬的场面。真正的幽默可以引来会心的一笑，带来欢笑与快乐。

有一个从俄亥俄州来的朋友拜访林肯总统时，外面正有一队士兵停在门外，等候林肯训话。

林肯请这位朋友随他外出，并继续和他密谈。但是，当他们行至走廊时，军队齐声欢呼起来。那位朋友这时本应该识趣地退开，但是他并没有这样做。于是，一位副官走到那人面前，嘱咐他退后几步。这时他才发现自己的失态，窘得满脸通红。但是，林肯却立即微笑说：“白兰德先生，你得知道他们也许分辨不出谁是总统呢！”在那难堪的一瞬间，林肯用他的幽默化解了这一窘迫的场面。

从前有一位画商拿着毕加索早期的画作，请求他鉴定是不是他画的。毕加索瞄了一眼，说道：“这是一幅假画。”画商大吃一惊，支吾地问：“这难道不是你画的吗？”“是啊！这是我亲自作的假画！”毕加索不慌不忙地说。其实，每个人都可以幽默，它不是天才、高智商者或喜剧演员的专利。只要你常看一些笑话故事、歇后语，学习让嘴角向上翘，并换个新鲜的角度欣赏事物，必可学会幽默。

幽默虽好，但不能乱用，你需要掌握一定的技巧：

一、不要随意幽默。幽默并不是随时随地都可以运用的，在某些特定的场合和条件下应保持严肃，不可随意幽默。例如：在一个正式的会议上，当别人发言时，你突然冒出一两句逗人的话，也许大家都被你的幽默逗笑了，但是发言的那个人肯定认为你不尊重他，对他的发言不感兴趣。

二、幽默要高雅才好。在生活中，有不少人在开玩笑时往往把握不住分寸，用低俗的笑话供众人取笑，结果弄得大家不欢而散，影响了彼此的感情。

三、不幽默时不强要幽默。如果当时的条件并不具备，而你却硬要表现出幽默，其结果必定是勉为其难，让人到底该不该笑一笑？

请别独享荣耀

一位杂志编辑，他编辑的杂志很受欢迎。有一年他得到了大奖。一开始他还很快乐，但过了个把月，却失去了笑容。因为他发觉社里的同事，包括他的上司，都在有意或无意地和他作对。

他向朋友诉苦，朋友一听便知道他犯了“独享荣耀”的错误。原来事情是这样的：

他得了大奖，老板还另外给了他一个红包，并且当众表扬他的工作成绩。但是他并没有现场感谢上司和属下们的协助，更没有把奖金拿出一部分来请客，所以大家虽然表面上不便说什么，但心里却感到不舒服，渐渐地和他产生了隔阂，因此，就开始和他作对了。

虽然事实上，他的这份杂志得奖，他的功劳最大，但是当有“好处”时，别人并不会认为哪一个人才是唯一的功臣，总是认为自己“没有功劳也有苦劳”，所以他独享荣耀，当然就引起别人的不舒服了。尤其是他的上司，更因此而产生不安全感，害怕失去职权，为了巩固自己的领导地位，他自然会挑这位编辑的错了。

由于上司的白眼、同事间关系的冷漠，两个月后这位编辑就因为呆不下去而辞职了。

所以，当你在工作上有特别表现而受到肯定时，千万记得别独享荣耀，否则这份荣耀会给你带来人际关系上的危机。

为了让这份荣耀为你带来益处，你需要做好如下几件事：

一、感谢。感谢同仁的鼓励、帮助和协作，不要认为这都是自己的功劳；尤其要感谢上司，感谢他的提拔、指导与授权。如果实际情况果真是如此，那么你的感谢就更是应该的；即使同仁的协助有限，上司指点的不多，那么你也有必要感谢他们，这样做虽然虚伪一些，却可以使你避免成为靶子。"百花奖"或"金鸡奖"得主上台领奖时都要感谢一堆人，道理就在于此。这种"口惠而实不至"的感谢虽然缺乏实质意义，但听到的人心里都会很愉快，进而也就不会妒忌你了。

二、分享。口头上的感谢也是一种分享。这种分享可以无穷地扩大范围，反正"礼多人不怪"。另外一种是实质上的分享，别人倒也不是要分你一杯羹，但是你主动的分享会让旁人有受到尊重的感觉。如果你的荣耀事实上是众人鼎力协助完成的，那么你更不应该忘记这一点。实质上的分享有很多种方式，小的荣耀请吃糖，大的荣耀请吃饭，分享了你的荣耀，也就不会和你作对了。

三、谦卑。人往往一有了荣耀就自我膨胀。这种心情是可以理解的，但旁人就遭殃了。他们要忍受你的嚣张气焰，却又不敢出声，因为你正在风头上。可是慢慢地，他们会在工作上有意无意地抵制你，不与你合作，让你碰钉子。因此有了荣耀要更谦卑。别人看到你的谦卑，会说"他还蛮客气的嘛！"当然就不会找你麻烦，和你作对了。谦卑的要领很多，但做到以下两点就差不多可以了：一是对人要更客气，荣耀越高，头要越低；二是别再提你的荣耀，否则就变成吹嘘了。

其实别独享荣耀，说穿了就是不要威胁到别人的地位和利益，不要侵占别人的生存空间。因为你的荣耀会让别人变得黯淡，从而使旁人产生一种不安全感，而你的感谢、分享与谦卑，正好给旁人吃下一颗定心丸。

与人交谈多用敬称

我们常说"谢谢"、"对不起"等等这些礼貌用语，却忽略了在中华传统美德中，对长辈、上级等使用敬称也是对对方的尊重，也是一种礼貌、礼节。

所谓敬称即指有关对方的事物都要使用带有恭敬意思的话语，例如"您"、"贵府"、"令尊"等等。而对有关自己的事物则要使用带有谦虚意思的话语，例如“寒舍”、“家母”、“犬子”等等。

敬称用得恰到好处，不仅令对方感觉很舒服，而且会拉近彼此间的距离。在公司上班的人，经常会碰到上司出差回来的场面，可是很少有人会在意。其实一个有礼貌的部属，这时候就应该站起来迎接上司，同时请不要忘记上前去说一声“经理(或其职称)，您回来了！”然后为他提公事包，并吩咐公司的职员或亲自为他泡杯茶。迎接的礼貌和迎接的话，都是尊敬的表现。上司受到部属如此的尊敬心里必定是非常高兴，自然也会对下属心存感激，在日后的工作中也会多体恤下属。

又如，中午吃饭时，不要独自离开办公室，应该向上司打个招呼“您是否愿意和我们吃个工作餐？”“您先忙，我们去吃饭了。”表面上这仅是打个招呼，事实上，它却是我们营造良好的职场环境、和谐的人事关系的关键。同样，下班回家，离开办公室时，也应该与同事和上司打招呼“您今天辛苦了”、“明天见”等等。特别是上司的辈分比你大时，此时更应该多用礼貌用语，尤其是敬称。这样不仅会给上司留下好印象，也会让自己在上司面前不会因出言不逊而受责罚。

为人处世中多使用敬称，不仅是礼节的需要，也是我们个人涵养的重要表现。

留点空间给上司

小丁在军队服役受训的时候，打扫营区是每天例行的工作。可奇怪的是，无论他们再怎么努力打扫，几乎连蚂蚁屎都扫掉了，等到连长来巡视时总还要说哪里不够干净，哪里还需要加强。打扫营区如此，保养武器也是如此，连长总是能抓到他们的“毛病”。退役后，小丁有次问连长为何老是对他们如此苛刻，即使他们已经做得无可挑剔了。连长说：“如果连长每次都满意，士兵就会自然而然地产生懒惰的情绪。其次，没毛病也要找出毛病，是为了凸显连长的权威，以方便领导统御，不要让士兵觉得你好说话而敷衍你。”

这位连长的话给我们一个重要启示，那就是：留一点空间给你的上司。具体做起来就是：

一、时时向主管请教。即使明明你懂得比他还多，你还是要尊重他的职位，和他讨论某项计划，请他给你一些指点。这样上司才能对你放心。不过，如果请教了之后，你一个指教都没有采纳，那么会得到相反的效果。因此，你的计划多多少少都要有上司的一些意见，这样他才会认为你对他不尊重。

二、事情不要做得十全十美。别以为十全十美会得到上司的赞美，有的时候那会给你带来不必要的麻烦。但也不能做得乱七八糟，因为这样你就要卷铺盖走人了。最好在不很重要的地方犯个小错，或留下一点缺憾，好让你的上司来帮你指出。这会使你的上司了解你们工作的情况，同时让上司注意你们的项目或计划，以便使你的项目或计划在今后更好地、更顺利地进行。

三、不要忘记称赞你的上司。员工需要上司称赞，上司其实也需要属下称赞。

不管怎么做，切忌目中无人，尤其当你能力很强的时候，留下一点空间让你的上司立足，给他一些“帮助”和“指点”你的机会，这是相处的艺术，也是做人的方法。

向上司的夫人敬礼

幽默大师林语堂先生说过一段很有意思的话：“越来越多的女人要求自己的权利，可中国一向就是一个女权社会。在中国，女人的权力其实大得不得了！因为人们都知道女人管理家庭事务，正所谓‘男主外，女主内’嘛！可谁又知道女人在管理家务的同时，往往连自己的男人也一并管制了。”

女人各自管理着自己的男人，女人通过男人主宰着这个世界！所以，女人绝对不可轻视，尤其是上司身边的女人更不可轻视。

在宴会或其他聚会上，碰到上司的夫人，你将如何应付？头脑简单的职员，在这时候往往只知道对顶头上司执礼甚恭，对上司的夫人却视如路人，懒得跟她多讲一句话，从而留给她“举止不逊”或“不通世故”的印象。而事实上，上司夫人对你的看法也影响着上司对你的看法。

为此，与上司打交道时，在对上司本人尊崇有加的时候，千万别忘了向上司的夫人敬礼。接触上司夫人，一定要心存敬意。就算没人介绍，当你得知她是上司夫人，也应该主动上前诚恳致意。无此圆熟的应对能力，你何以在社会上立足?

在社交场所,碰到应该上前招呼的人,居然拉不下脸面踌躇不前,或是面对面竟然紧张到手足不听使唤、喉咙沙哑。这种人,在待人处世中必定是一句"您早"都无法自然说出口的人,怎能在竞争残酷的社会上闯荡?对上司的夫人,你称赞她"年轻漂亮"或"气质高雅",是最高明的敬礼。即使对方在听了你的赞美之后会说:"哪里,你过奖了!"但她内心还是会觉得很高兴。就算上司夫人长相不怎么样,但至少在服饰、举止、风度、个性和修养上,总会有她足以傲人的地方。你只需要在短短的几秒钟内,对她发自肺腑地赞扬一番,即可大功告成。

美人向来自负,对溢美之词已经麻木。但是,不要忘了姿色中等偏下的女人,如果有人一眼就发现她的长处,并且又是在众人面前爽口直言,她眉不飞色不舞才怪呢!到那时,让她不把你牢记在心都难!

向上司夫人表露真诚的敬意,绝非奉承,而是人人皆尽的礼节。一般人太忽略了这个简单的道理,以为向上司夫人致敬,是一种旁门左道的手法,尽量免了。岂不知,这完全是在自毁印象。

尊敬,不只是对你的上司

某局长的家中,养了一只可爱又娇小的白色京巴狗。不知为何,每当小石到局长家拜访时,这只京巴狗总是怀着恶意地对他狂吠,因此小石对这条狗非常反感。一天,前来拜访时恰好局长家中无人,他便乘机将这条狗带至屋外,一面指着狗怒骂"你这只可恶的家伙",一面对其拳打脚踢,把平日所积压的不快一股脑儿地全发泄出来。

然而,那只京巴狗自从被殴打之后,对小石更是怀有敌意。此后每当小石前来造访,它总是狂吠不停,直至小石离去为止。

对京巴狗宠爱有加的局长夫人,觉得事情不对劲,便询问小石:"你对我家的小狗做了些什么事,为什么老是冲你叫呢?"这位科长心中暗想:"它充其量只不过是一条狗吗,没什么大不了的!"便一五一十地述说出了原委。

昔日赞叹他有才干、懂进退的局长和夫人,自从发生了这件虐待动物事件后,便给他冠上了"伪善君子"的名号,对他的印象也大为扭转。他们认为一个连小动物都不能爱护的人，必是没有爱心的人，而且他这种当面一套，背面一套的做法，也让局长他们认为他是一个不忠实的人，便渐渐疏远他了。

与上司相处要适时“糊涂”

你在待人处世中，尤其是在工作交往中，很可能会出现这样的情况，某件事情明明是上级领导耽误了或处理不当，可在追究责任时，上面却指责你没有及时汇报，或汇报不准确，你应该怎么办？此时在不影响大局的情况下，你不妨装糊涂，把责任承担下来。

秘书科的小李在接到一家客户的生意电报之后，立即向经理作了汇报。可就在汇报的时候，经理正在与另一位客人说话，听了小李的汇报后，他只是点了点头，说道：“我知道了”，便继续与客人会谈。两天以后，经理一个电话把小李叫到了办公室，怒气冲冲地质问小李为什么不把那家客户打来的生意电报告诉他，以至于耽误了一大笔交易。莫名其妙的小李本想向经理申辩两句，表示自己已经向他及时作了汇报，只是当时他在谈话而忘了。可经理连珠炮式的指责简直使她没有插话的机会。而且，站在一旁的经理办公室主任老赵也一个劲地向小李使眼色，暗示她不要申辩。这更加弄得小李糊涂不解。经理发完火后，便立即走了。等经理走远了，老赵才告诉小李，如果你当时与经理申辩，那可就大错特错了。听了老赵的话，小李更是丈二和尚摸不着头脑，弄不清其中的奥秘。事情过了很久，小李才慢慢明白了个中的原委。原来，这位经理也知道小李已经向他汇报过了，也的确是他自己由于当时谈话过于兴奋而忘记了此事。但是，他可不能因此而在公司里丢脸，让别人知道因为他渎职而耽误了公司的一大笔生意，所以必须找一个人承担责任，以此为自己开脱。如果小李不明事理，反而据理力争，不但不会得到经理的承认，而且很可能还会因此而被经理炒鱿鱼。

一般来说，在上司正确的情况下，下属对他表现出应有的尊重，这点比较容易做到。但是，假如觉得上司错了，一般作为下属的，心里就会憋不住气，想和上司理论一番，甚至直接指出他的过失。但这样只能激怒你的上司，让他觉得在职员面前很没面子，而你也会因为不能糊涂地对将上司的“精明”而被上司“流放”，甚至开除。因此，即使上司做错了你也要尊重他，要忍一时之“辱”，待找到适合的时候再与上司表明事情的经过。如果是上司因为维护自己的颜面而故意将责任推给你，那么你不妨糊涂一下，将责任默认下来。

与上司相处之原则

在待人处世中，最需要处理好的就是上下级关系，因为上司，特别是你的顶头上司，决定着你的事业是否顺利，你的晋升是否合理……一句话，你的荣辱兴衰，在很大程度上操控于上司之手。那么，如何才能让上司的光芒照到你的身上呢？以下为你提供了 18 条成功的秘诀：

1、忠诚。上司一般都把下属当成自己的人，希望下属忠诚地跟随他，拥戴他，听他指挥。下属不与自己一条心，背叛自己，另攀高枝，或者“身在曹营心在汉”，存有二心等等，都是上司最反感的事。忠诚，讲义气重感情，经常用行动表示你信赖也敬重他，便可得到上司的喜爱。

2、精明能干。上司一般都很赏识聪明、机灵、有头脑、有创造性的下属，这样的人往往能出色地完成任务。有能力做好本职工作是使上司欣赏你的前提，一旦被上司认为是无能无识之辈，并戴上愚蠢和懒惰的帽子，那就很危险了。

3、谦逊。谦逊自古以来就是中华民族所推崇的一种美德。在今天的社会生活中，我们固然不提倡在任何问题上都保持一团和气的谦谦君子行为，但在与上司的相处中，谦逊还是非常重要的。因为谦逊意味着你有自知之明，懂得尊重他人，有向上司讨教学习的意向，意味着“孺子可教”。谦逊可让你得到更多人的支持，以帮助你更好地成就事业。

4、关键时刻，要挺身而出。俗话说“疾风知劲草，烈火炼真金”。在关键时刻挺身而出上司才会真切地认识与了解下属。人生难得机遇，不要错过表现自己的任何机会。当某项工作陷于困境之时，你若能大显身手，定会让上司格外器重你。当上司本人在思想、感情或生活上出现矛盾之时，你若能妙语劝慰，也会令其格外感激。此时切忌变成一块木头，呆头呆脑，冷漠无语，畏首畏尾、胆怯懦弱。因为，这样只能让上司认为你是一个无识、无能、无情的平庸之辈。

5、诚实。在上司面前，不要吹牛皮，编瞎话，谎报军情。弄虚作假者，往往失信于人。上司若觉得自己被欺骗，将格外恼火，因为他会认为你把他当成傻瓜、笨蛋和糊涂虫；当成不可讲真话的人，不信任他。这在极大程度上伤了上司的自尊心。从长远来看，通过欺骗上司而暂时得到的好感和荣誉，是不可能长久地维持下去的。当然，诚实有诚实的艺术，一般要考虑时机、场合、上司的心情、客观环境等多个因素，否则诚实也会犯错误，招致上司的反感和不满。

6、不要在上司面前太计较个人利害得失。虽然说，今天的国人已经承认了“利益”这个概念，大多数上司也比较注重考虑下属的利益要求，但是如果过于注重金钱物质利益也并非对你有利。其一，如果你喋喋不休地向上司提出的物质利益要求以致超出了他的心理承受能力，在感情上，他就会觉得压抑和烦躁；其二，如果“利益”是你“争”来的，上司虽然作了付出，但并不愉快，会在心理上认为你是个“格调”较低的人，觉得你很愚蠢；其三，如果你的上司是个糊涂虫，与他争利益得失，反倒会把你的功劳一扫而光，“利”没有得到，“名”也会丧失。所以说，最好的办法是让上司主动地给而不是去“争”。

7、与上司交谈时，不可锋芒毕露，咄咄逼人。“君子藏器于身，待时而动”。你的聪明才智需要得到上司的赏识，但在他面前故意显示自己，不免有做作之嫌。上司会因此而认为你恃才傲物，盛气凌人，从而在心理上觉得难以与你相处，彼此间就缺乏一种默契。

8、提建议时不要急于否定上司原来的想法。提建议时，多注意从正面有理有据地阐述你的见解，特别注意提建议的方式要因人而异。对上司个人的工作提建议时，尽可能谨慎一些，必须仔细研究上司的特点，研究他喜欢用什么方式接受下属的意见。对大大咧咧的上司可用玩笑建议法，对严肃的上司可用书面建议法，对自尊心强的上司可用私下建议法，喜欢赞扬的上司可用寓建议于褒奖之中的方法等。切记，提建议时，不要当面顶撞上司，因为顶撞上司是最愚蠢的做法。

9、主动找机会与上司交往。上司需要接近下属才能了解下属，下属也需要接近和了解上司，这是正常的人际交往，不必因担心别人的议论而躲避上司。你若希望上司喜欢你，看得起你，那么就首先要让上司看得见你。

10、不要在背后议论上司的长短。千万别忘了“墙外有耳”这句老话。

打小报告的人正在寻找材料以告密，你的议论为他的拍马屁正好提供了时机。倘若他把你的话添油加醋地传到上司的耳朵里，你辛勤工作的成绩可能会因几句牢骚话而被抵消掉。

11、多赞扬、欣赏上司。赞扬不等于奉承，欣赏不等于谄媚。赞扬与欣赏上司的某个特点，意味着肯定这个特点。只要是优点，是长处，对自己有利，你便可以毫无顾忌地表现你的赞美之情。上司也是人，也需要从别人的评价中了解自己的成就以及在别人心目中的地位。当受到称赞时，他的自尊心会得到满足并对称赞者产生好感，如果得知下属在背后称赞自己，那肯定会更加喜欢称赞者。

12、上司批评你时，千万不要一脸的不高兴。对下属的工作，上司总要作评价的。犯错误本身并不影响上下级关系，关键是犯了错误之后，接受批评的态度。被批评后，一脸的不高兴，会让上司认为你不服气，在做无言的抗议，而适当地做些自我批评，既可缓和僵局，更能使上司放心。

13、体谅上司的处境，理解其难处。角色换位法，有助于体会上司的心境。有些人单独工作干得很好，当了领导却一筹莫展，尤其苦于处理各种横竖关系，并且还负有较大的责任，因此要主动地帮他分忧解难。在其犹豫不决、举棋不定之时，主动表示理解和同情并诚恳地做出自己的努力，减轻上司的负担，会令他极为高兴的。

14、慎重对待上司的失误。上司在工作中出现失误时，千万不要持幸灾乐祸或冷漠旁观的态度，这会令他极为寒心。能担责任则担责任，不能担责任则可帮助他分析原因，为其开脱。此外还要帮他总结教训，多加劝慰。

15、掌握汇报情况的技巧。一件工作是以上司的命令开始，以部下的报告结束的。部下担负的工作是不是进展得顺利，是上级最担心的问题。及时报告可缓解上司这种担心的心情。连情况如何也报告不清的部下最令上司反感。汇报要选择适宜的时机。不合时宜的汇报没有任何价值。特别是坏的情报，要尽快地汇报。越是有才能的上司，越想了解坏的信息。善于报告的部下，仅凭这一点就会得到上司的喜欢。

16、准确领会上司的意图。领会上司意图的关键在于认真听取他的讲话。在上司面前要去除自卑心理，听清他所交代的一切，并搞清楚里面隐含的用意。

17、适当顺从与认同。上司可能并不比下属强多少，但只要是你的上司，你就必须服从他的命令。人虽然都有一种不愿意服从别人的心理，但对比自己强的人还是能够接受的。因此有必要多寻找上司优越于你的地方，表现做出尊敬他、学习他的姿态。凡是尊重、服从上司的部下，即使最初上司对他一点好感也没有，也会逐渐改变印象。只要你认识到尊敬上司的必要性，就会从心理上消除对服从的抵触，从而摆脱那种耻于服从的情感。

18、了解上司的好恶。无论是谁都会喜欢听一些话，而讨厌听另一些话，喜欢听的就容易听进去，心理上就会觉得舒服，你的上司也不可能摆脱这种心理。部下要掌握上司的特点，倘若在汇报中插入一些上级平时喜欢使用的词，自会让他另眼相待。

此外，对上司的工作习惯、业余爱好等都要有所了解。如果你的上司是一个体育爱好者，你就不应该在他的球队比赛失败后去请示一个需要他解决的问题。在任何时候都别忘了：一个精明老练的上司，最欣赏了解他，并能预见他的愿望与心情的下属。

正确对待上司的责骂

俗话虽说“慧眼识英雄”，可现实中毕竟有“慧眼”的人太少了。因此，一个人如果不懂得自我推销，就很难在某一方面有所崭露。

20 世纪 50 年代，铁人王进喜说过一句名震华夏的话：“有条件要上，没有条件创造条件也要上！”如果把这话用到为人处世中，那就是要想成功，要想出人头地，就必须要学会自我推销，有机会绝对不能放过，没有机会要为自己争取机会、制造机会，不失时机地推销自己。

在努力推销自己时，我们难免会犯错误，难免会因为过失而受领导或上司的责骂。此时，我们就需要有一个正确的心态面对领导或上司的责难。首先，我们应该正视对方的责骂，好好反省自己，努力做到下次不再重犯。其次，对上司的责骂要虚心接受，并从中学习自己还未掌握的实务知识和为人处世的方法。最后，不要因为领导或上司责骂你而感到气馁或是怨恨上司，应该换个角度来想，要认为上司是在培养自己、教育自己，上司责骂我是因为他对我充满期待。

日本大企业家福田先生在做服务生的时候，常常被老板小松先生责骂。但福田也因为每次的责骂而得到一些启示，学会一些事情，所以福田当时总是主动地寻找挨骂。只要遇见了小松先生，福田绝不会像其他怕挨骂的服务生那样逃之夭夭，总是恰到好处地把握机会，立刻趋身向前向小松先生打招呼，并态度诚恳地请教说：“早安！请问社长，您看我有什么地方需要改进吗？”

这时，小松便会指出他许多需要注意的地方。福田在聆听训话之后，必定马上遵照社长的指示改正自己的缺点。所以时间一长，小松对福田的印象就比任何人都来得深刻，对福田有所指示时，也总是亲切地直呼他的名字，并耐心地告诉福田什么地方需要注意，哪些地方有待改进以及如何改进等等。

福田就这样每天主动又虚心地向小松讨教，一直持续了两年。有一天，小松社长对福田说：“我通过长期观察，发现你工作相当勤勉，值得鼓励，所以明天开始我请你担任经理。”就这样，十九岁的服务生一下子便跳升为经理，在待遇方面也提高了很多。

从福田挨骂获得成长的经历来看，在待人处世中，特别是在与上司接触的过程中，被上司指责和训斥，就是在接受另一种形式的教育。对于小松一年三百六十五天的个别教导，福田至今仍然感谢不已。

人都有自己的个性和尊严，谁也不愿意让人数落，所以在被别人训斥的时候，即使不会当场发作，脸上也总是火辣辣地发烧。但是听不得别人训斥的人，不会有什么大的作为。因此，在被指责或训教时，非但要认真专注地聆听，而且听完之后，更不要忘了对领导或上司说：“是的，我已经知道了，我现在马上就去做。”

相反地，如果一遇到这种情况，你就显出非常紧张不安，反而会让对方认为你心存反抗而感到不舒坦。换言之，静静地接受指责或聆听训教，并保持不失礼的态度来和对方亲近就是在尊崇对方，更是解救你因为自己的过失而造成处境困难过的好方法。

所以，对于上司的骂，要保持绝对顺从的态度。虽然不必做到像应声虫一样唯唯诺诺，但最起码，脸上、心里也应该有反省的态度，并以坦率诚恳的语气向上司道歉。挨骂之后，更不可垂头丧气，亦不可嘻嘻哈哈，让人产生随骂随忘的印象。当然，最重要的是应尽快改正错误，无礼的反抗态度只会使自己受损害。

如何让他人同意你的请求

美国斯坦福大学社会心理学家弗利特曼和弗利哲两位教授，曾以学校附近一位家庭主妇巴特太太位为对象，做了一个有趣的实验。他们打了个电话给她：

“这儿是加州消费者联谊会，为具体了解消费者的实况，我们想请教您几个关于家庭用品的问题。”

“好吧，请问吧！”

于是他们提出了一两个例如您现在使用哪一种肥皂等简单问题。当然，这个电话，不仅仅只是打给了巴特太太。

过了几天，他们又打电话了：

“对不起，又打扰您了，现在，为了扩大调查，这两天将有五六位调查员到府上当面请教，希望您多多支持这件事。”

这实在是件不太礼貌的事，但却被同意，为什么呢？只因为有了第一个电话的铺路。相反地，如果他们在没有打过第一个电话，而直接有第二个电话的要求时，却遭到了拒绝。他们最后以百分比作结论：前一种答应他们的占 52.8%，后一种只占 22.2%。

据此可知，向人有所请托，应由小到大、由微至著、由浅及深、由轻加重才是，如果一开始就有大请求，一定会遭到对方断然拒绝。

患得患失、迟疑不决，这时你可以表明自己愿意承担一切风险。如果你有决断的勇气，还可以学一下薛仁贵对唐太宗动用的瞒天过海之计，使上司在无忧无虑之中，接受你之所求的既成事实。

再如，初到一个工作单位，就是打入一个新的交际圈。圈子里的人有的态度友善，有的不冷不热，还有的暗怀防范、排斥的敌意。处于这种境地的你，就必须尽快地消除排异情绪、隐藏锋芒，待摸清情况、站稳脚跟后，再根据不同人的不同性格采用不同的方法处理，这样做往往达到事半功倍的求人效果。

精通“留有余地”的学问

在待人处世中，我们常常会发现，有的人能够在交际圈内进退自如，而有的人却常常被动，进退维谷。其中，原因可能是多方面的，但无疑与他们不善于在待人处世中留有余地有一定的关系。所谓“留有余地”，就是在人际交往中推行“弹性外交”，使自己、对方，甚或双方都能获得更大的回旋空间，从而减少或避免一些不必要的摩擦或伤害。

那么，在待人处世中到底该如何留有余地呢？其实“留有余地”就是我们无论办什么事，都要学会给自己留好后路，比如在答应别人时，注意使用“模糊语言”，以便自己赢得主动。有的人在答应别人时，总是言之凿凿，肯定而又具体。这其实也不是坏事，如果自己对答应别人的事确有把握，确信能够如期实现，有何不可？但问题是，由于事情的发展并不总是以自己的主观意愿为转移，有时会出现一些意外事件，结果使自己答应对方的事无法实现，反而给对方以言而无信的印象，影响了人际关系的和谐。在拒绝别人时，不妨先拖延一下，以使自己“进退有据”。有的人在面对别人的求助而自己又确实无能为力或因事不正而自己不愿出力时，往往不作解释，一口回绝，显得生硬而不友好，常常让对方产生“不够意思”、“不愿帮忙”的想法。因此，我们在拒绝别人时，最好不当面拒绝，答应考虑一下，给自己留点回旋的空间，以便使自己进退有据。还有些人在拒绝对方时，因为老是感到不好意思，而不敢据实言明，致使对方摸不清自己的真正意思，从而产生许多不必要的误会。甚至导致彼此关系破裂。

在批评别人时，最好“点到为止”，以维护对方的自尊。最让人沮丧的事情莫过于没完没了地批评人，特别是有的人在批评别人时，不看场合，不考虑对方的心理承受能力，一味地高声大嗓，这样做往往事与愿违，伤害了别人的自尊。所以，我们在批评别人时，特别是在有多人在场时，不妨点到为止，力求含蓄地达到批评的目的。

在与人争论或争吵时，切忌使用“过头话”、“绝情语”，以便对方体面地下台。与人争论或争吵时，人们的心情一般容易激动，这是可以理解的，但绝不能因此而口不择言地说些“过头话”、“绝情语”，否则不仅会严重伤害对方的感情，而且也往往使双方难以下台。

精通“踢皮球”之人，在请人帮忙时，会尽量使用假设句式，以便为对方留条后路。有的人在请人帮忙时，爱使用命令的口气，直接让对方按自己的要求去做，结果，有时因为对方无能为力而出现僵局：对方为难，自己生气。为了防止产生强人所难的嫌疑，我们在求人帮忙时，不妨利用一下“假设句式”，尽量用委婉、商量的口气。这样做就能为对方留条后路，即使对方无能为力，也不至于让对方尴尬难堪。

使用权力要三思

古往今来，世事复杂多变，难以预测；封建社会的官场中，更是险象环生，危机四伏。如何在官场中长盛不衰，左右逢源，洞悉人情世故，这里给你开出的妙方是：“小心使用权力，不得罪大人物。”战国时期，以“变法”而名垂青史的商鞅，就是因为犯了这一待人处世中的大忌，而在功成之后被五马分尸。

商鞅是战国时期的卫国人，原在魏国宰相公叔痤手下任中庶子，帮助公叔痤掌管公族事务。公叔痤死后，失去了靠山的商鞅便投奔到了秦国。通过宠臣景监的荐举，秦孝公多次同商鞅长谈，发现商鞅是个难得的治国奇才，便“以卫鞅为左庶长，卒定变法之令”。

秦孝公之所以看重商鞅，是因为当时新兴地主阶级认为封建生产关系已经登上政治舞台，社会正处于新兴的封建制取代奴隶制的社会大变革时期，商鞅变法正好适应了社会变革的需要。同时秦孝公也是一位奋发有为的君主，商鞅提出的一整套富国强兵的办法，也正好符合他的愿望。商鞅变法的主要内容是：废除井田制，从法律上确认封建土地所有制，“为田开阡陌封疆，而赋税平”；重视农业生产，鼓励垦荒以扩大了耕地面积；建立按农、按战功授予官爵的新体制，以确立封建等级制度；废除奴隶制的分封制，普遍实行法治，主张刑无等级等。

商鞅变法损害了贵族利益，遭到许多守旧“巨室”的反对。“言初令之不便者以少数”，甚至太子也带头犯法。为了使变法顺利实施，商鞅毫不留情，“刑其傅公子虔，黥其师公孙贾”，真正做到了“王子犯法与庶民同罪”。后来新法实行十年，秦国国富兵强，乡邑大治，秦孝公也成为战国霸主。

然而，正当商鞅在秦国功勋卓著的时候，他却反而感到孤寂和迷惘。

为什么会这样呢？他自己也弄不懂。于是，商鞅便去请教一个名叫赵良的隐士。他对赵良说：“秦国原本和戎狄相似，我通过移风易俗加以改除，让人们父子有序、男女有别。这咸阳都城也由我一手建造，如今冀阙高耸，宫室成区。我的功劳能不能赶上从前的百里奚呢？”百里奚是秦穆公时的名臣，现在商鞅拿自己和百里奚比，颇有委屈的情绪。谁知赵良却直率地说：“百里奚一得到信任，就劝秦穆公请蹇叔出来做国相，自己甘当副手；你却大权独揽，从来没有推荐过贤人。百里奚在位六七年，三次平定了晋国的内乱，又帮他们立了新君，天下人无不折服，老百姓安居乐业；你呢，犯了轻罪反而要用重罚，简直把人民当成了奴隶。百里奚出门从不乘车，热天连个伞盖也不打，很随便地和大家交谈，根本不要大队士卫保护；而你每次出外都是车马几十辆，卫兵一大群，前呼后拥，老百姓吓得唯恐躲闪不及。你的身边还得跟着无数的贴身保镖，如果没有这些，你敢挪动半步吗？百里奚死后，全国百姓无不落泪，就好像死了亲生父亲一样，小孩子不再歌唱，舂米的也不再喊着号子干活，这是人们自觉自愿地敬重他。你却一味惩罚，就连太子的老师都被你割了鼻子。一旦主公去世，我担心有不少人要起来收拾你，你还指望做秦国的第二个百里奚，岂非可笑？为你着想，不如及早交出商、於之地，退隐山野，说不定还能终老林泉。不然的话，你的败亡将指日可待。”

后来的事实不幸被赵良言中。“商君相秦十年，宗室贵戚多怨恨者。公子虔杜门不出已八年矣”。一旦有机可乘，曾被商鞅打压的上层保守派肯定会合而攻之。果然秦孝公死后，太子继位，是为秦惠王，公子虔等人立即诬告“商君欲反”，并派人去逮捕商鞅。商鞅走投无路，最后只好回到自己的封地商邑。秦王发兵攻打商邑，商鞅被杀于渑池。而秦惠王连死后的商鞅也不放过，除了把商鞅五马分尸外，还诛灭了其整个家族。一个为秦国强大建立赫赫功勋的人，最后竟然落得个如此悲惨的下场，真应该仔细想想赵良对他的意见和批评。商鞅和百里奚都据有大权，但一个高高挥舞权力棒，不可一世；另一个却谦卑清廉，小心使用权力，与“巨室”和百姓的关系都非常融洽，因而他们的结局也就完全不同。

打一巴掌揉三揉

金无足赤，人无完人，下属难免会犯这样那样的过错。作为一名握有一定权力的上司，如何对待有过错的下属，无非是“打一巴掌揉三揉”。具体说来，在“打”的时候要真打，并且打在他的疼处；“揉”的时候要让下属体会到你对他们是发自内心的关心。

美国某公司一位高级主管，由于工作严重失误给公司造成了个一千万美元的巨额损失。为此，这位主管心里非常紧张。第二天，董事长把这位主管叫到办公室，通知他调任另一同等重要的新职时，这位主管大吃一惊。他非常惊讶地问道：“为什么没有把我开除、降职？”董事长平静地回答说：“若是那样做的话，岂不是在你身上白花了一千万美元的学费？”这出人意料的一句激励话，使这位高级主管从心里产生了巨大动力。董事长的出发点是：如果给他继续工作的机会，他的进取心和才智有可能超过未受过挫折的常人。后来，这位高级主管果然以惊人的毅力和智慧，为该公司做出了卓著的贡献。

作为下属，当他出现失误后，他自己肯定会自责，同时也在怀疑会不会失去你的信任。因为下属当然明白，你对他失去信任将会意味着什么。所以，在这个时候，你在批评斥责之后，也别忘了补上一两句安慰或鼓励的话。因为，任何人在遭受上司的批评之后，必然垂头丧气，对自己的信心也许会丧失殆尽，心中难免会想：我在这个单位彻底完蛋了，再也上不去啦！如此，造成的结果必然是使他更加自暴自弃。

此时，假如作为上司的你，能够“打一巴掌揉三揉”，适时地利用一两句温暖的劝慰话来鼓励他，或在事后私下对其他下属表示：我是看他有前途能干，所以才舍得骂他。如此，当受到斥责的下属听了这话以后，必会深深体会到“爱之深，责之切”的道理，以后肯定会更加发奋努力。

如果你能在斥责下属的当天晚上立即打电话给他，给予一番鼓励与安慰，那么遭受斥责的下属定会心存感激地认为，上司虽然毫不留情地训了我一通，但实在是用心良苦，是为自己好。这样，他就会把你斥责的话牢记在心，大大提高以后工作的自觉性与主动性。经营管理大师松下幸之助，可谓此中高手。

松下认为，经营者在管理上宽严得体是十分重要的。在原则和法规面前，应该分毫不让，严厉无比。对于那些违犯了法规的，就应该举起钟馗剑，狠狠砍下，绝不姑息。松下说：

“上司要建立起威严，才能让部属谨慎做事。当然，平常还应以温和、商讨的方式引导部属自动自发地做事。当部属犯错误的时候，则要立刻给予严厉的纠正，并进一步地积极引导他走向正确的路子，绝不可敷衍了事。所以，一个上司如果对部属纵容过度，工作场所的秩序就无法维持，也培养不出好人才。换句话说，要形成让职工敬畏课长、课长敬畏主任、主任敬畏部长、部长敬畏社会大众舆论的连锁效应。人人严于律己，才能建立完整的工作制度，工作也才能顺利进展。如果太照顾人情世故，反而会造成社会的缺陷。”

美国法律的严厉，给松下留下了深刻的印象。比如严重破坏社会治安，有时要判九年的徒刑。这似乎是不可思议的。但鞭子重重地举起来了，打下去却比较轻。那些犯人在监狱期间，由于训练和反省，表现良好即可假释出狱，出狱的这些人，往往慑于法律的威严从而能很守规矩。这给了松下有益的启示。松下说：“根据我自己的体验，用人之道，贵在顺乎自然，千万不可矫揉造作。该生气的时候就生气，该责备的时候就责备，越自然越好。”

在日本松下公司，谁能受到老板的责骂，尤其是亲自受到松一下先生的责骂，都被看做一件“幸事”、一种“幸福”，认为这是老板对自己成长的最大关照。

三洋电机的副社长后藤清一，在 1925 年以实习生的身份进入创业不久的松下公司的工厂，受到松下幸之助与井植岁男的熏陶而有今日的成就。在后藤的著作《跌倒了就要爬起来》中，曾多次提及被松下“责骂”而成长的往事。

一个热天，松下布置后藤留下几个人加班赶任务。工作很紧张，也很累，几个加班员工中途离开工作岗位到球场打球去了。后藤也正要出门打球，恰好碰到赶来察看的松下。

听说大家出去玩了，松下很生气，他严厉地责骂后藤：“违反命令，抛开工作去打球，真是太不应该。”

特别令后藤感到痛心的是这句话：“后藤，怎么连你也做这种事？”因为松下的“连你也……”这几个字，着实让他知道了自己在松下心目中地位的重要。

后藤接受了批评，再三道歉，并带人加班干完了工作。事后他认为这个“责骂”很得当，虽被“责骂”了，但内心里却有一种喜悦。日后谈起这件事，他还深有感触地说，一边被“责骂”，一边又令人感到“自己存在的重要性”。用这种方法管理部属实在很有效。

另外，松下幸之助一向只看重员工的优点和才能，既花九分力量看员工的“长处”，又花一分力量看员工的“缺点”。可是，当他真的用一分力量看缺点时，却是十分严肃的。

一次，后藤违反公司规定，未经请示就擅自变更了承包定额单价，被松下知道了。晚上 10 点，后藤被叫去了。正在同别人谈话的松下立即当众大声责骂，客人出面求情也不肯罢休。松下一边骂，一边用手中捅炉子的铁通条使劲敲打火炉。松下发现通条被敲弯了，才大声命令说：“你把它弄直了再回去吧。”

后藤本来就患有贫血的毛病，在这阵暴风骤雨般的责骂声中，终于悔恨交加，当场昏倒了。

松下立即让人送他回家，并再三叮嘱请多方关照。第二天刚上班，电话铃声响了：“后藤吧？我没有什么特别的事，只想问一下，是否还介意昨晚的事？昨天我做得有些过分，请你好好养病。”

后藤被感动了，紧紧握住电话筒，昨晚被痛责的懊恼心情，顿时烟消云散了，说道：“你的确令人心服口服。”

所以下属犯下了某种不可原谅的错误，理应受到应有的处罚。如果你今天不坚决予以处罚，那么明天可能会有别的下属效仿。

如果下属在你面前表现得很差，那说明他对你缺乏尊重，他也无法实现你对他的期望。作为一名上司，你不能对此听之任之。因此，当一个人跨越你可以接受的界限时，你应及时处理这些不良行为，如经常迟到、不怀好意的玩笑、恶作剧、不恰当的肢体语言、不尊重他人、贬低他人、背后说三道四、衣冠不整、时常抱怨、工作中处理私事、不守承诺、撒谎等等。对这类行为，切不可等到事情发生之后再去作决定。你应该向这种不良行为进行挑战，并且要求他向你作出解释，不要等到你听说那人已走了时再作出任何毫无意义的决断。

谈话中，你要让下属逐渐步进入正轨，认识到自己受处罚的合理性，并非是上司有意为难他。如果对方确有委屈或难言之隐，你应该表示体谅，说一些劝慰的话，但已经做出的决定决不能轻易更改。要让下属明白，处罚决定的作出，绝不是针对某个人的，而是对事而言的，请他不要过于激动，引起误会。

许多下属可能会认为，他们受到了处罚，他们的人格同时也就受到了侮辱。你需要通过交换思想让他们明白，所有的处罚都是为了部门的利益和发展，不是故意去损害某人的感情。在肯定被处罚对象的工作成绩时，你要坦诚而善意地提出对方违反了哪些规定，这会给部门工作造成什么样的不良影响，做到循循善诱，务必防止简单粗暴。

在谈话结束时，你可以为受处罚对象寻找一个合适的客观原因和理由，让对方明白这次受处罚是一次偶然的失误，希望让他下次能够避免这种失误，这样容易让对方下台阶。另外，你还要告诉对方，他的工作态度一直都是很好的，希望他以后为了部门的发展而继续努力。

在行使了坚决的处罚之后，再通过和风细雨的谈话，有劝说，有疏导，有安慰，有勉励。这样既能让下属心服口服，又可以让他的脑筋彻底转过弯儿来，认识到自己的错误，坚定改正的信念。这就是“打一巴掌揉三揉”。